小沢日美子
OZAWA Himiko

「心の理論」の発達
空間的視点取得から社会的視点取得

そのプロセスと臨床的視点

福村出版

はじめに

　「あの人は何を考えているのか」，「本当はどのように思っているのか」と心の中で感じたことはないだろうか。私たちは，どのようにして他者の心を知ることができるのだろうか。本書の大きなテーマは，視点取得である。人は他者と異なる視点から同じものを見ているとき，他者も自分と同じように見えている，知っていると思うだろう。しかし，他者と自分との視点取りに至る関係性が異なると見ることも知ることも異なるので，他者の考えや行動が自分と符合していないことに気づくこともある。一方，他者の考えや行動に我慢や気遣いがあることを気づきもしないこともある。他者の心の状態の推測と理解の能力は，人間の発達や教育に密接にかかわっており，人の生き方にも影響を及ぼす。幼い頃から，他者の心の状態の推測の能力の萌芽は見られるが，その後の人生の基礎となる認知的な発達は幼児期に目覚ましい。青年期以降になると，個人差はあるものの，一旦，成熟していくことで安定する。とくに，近年，発達心理学分野における社会的視点取得に関する研究は，主に「心の理論」研究として多数行われてきた。「心の理論」発達の研究では，他者の心と自分の心とは異なることを理解できるかどうかについて，当初より幼児期に焦点を当てた研究が盛んに行われてきた。その後の生涯発達的視点からの研究では，その範囲は青年期についても拡張された。日常生活では，青年でも「他者が何を見ているのか」，「他者が何を考えているのか」を必ずしも分からないからだ。つまり，私たちが用いている空間的視点取得，社会的視点取得──この2つの視点取得の間には，脳科学の分野においても共通する基盤が存在する可能性が指摘されてきているが，まだ明らかにはされていない。そのため，筆者は，発達的変化が目覚ましい幼児期を探究することで視点取得の働きや仕組みを考え，青年期にある大学生を対象にすることで社会文化的要因の影響を考えてきた。そのなかで，本著では，「心の理論」による社会的視点取得と発達心理学の代表的創始者ピアジェの理論から発する空間的視点取得の2つの視点取得をテー

マにした研究を収録している。

　第Ⅰ部「他者を知る心の発達」は，はじめとして，人の誕生から老年期までの視点取得の基盤形成にかかわる発達心理学・教育心理学のこれまでの代表的理論を中心にまとめている。第2部よりの「視点取得はどのように発達するのか」では，空間的視点取得と主に「心の理論」を中心とした社会的視点取得の研究を収録した。まず，第2章は，他者の視点取りについてのこれまでの考え方を論じた。その後，第3章「他者はどのように見ているのか：空間的視点取得」では，ピアジェの認知発達理論を踏まえ，Piaget & Inhelder（1948）から発した空間的視点取得に関する研究を収録した。第4章「他者はどのように思っているのか：『心の理論』」では，「心の理論」発達や社会的視点取得についての研究を収録した。第5章「他視点取得研究はどのように生かされるのか」では，空間的理解と身体的行動の発達支援，「心の理論」とコミュニケーションの発達支援にかかわる研究を収録した。第6章「総合的考察」は，空間的視点取得と「心の理論」発達に関する最新の動向も踏まえた研究を収録した。筆者が視点取得に関心を得たのは，幼児期の空間的関係の理解がU字型の発達曲線を描くこと，一方で命題を解くような「心の理論」の代表的課題の通過曲線が右肩上がりを描くこと，さらに視点取得には身体的発達も密接にかかわっており日々の経験が影響を及ぼすこと，そして，このような子どもや大人が外界に位置づく認知的社会的生理的な重層的な発達のしくみを明らかにしていくことで，人の生涯発達の理解と支援に役立てたいと思うことによる。

　本書をまとめるにあたって，福村出版宮下基幸社長，カンナ社石橋幸子代表に多大なご尽力をいただいた。この場をお借りして厚く御礼申し上げる。

2024年3月

小沢 日美子

目　次

第2部　視点取得はどのように発達するのか

第1部

他者を知る心の発達

第 1 章

心はどのように
発達するのか

　自己への気づきを試す実験的手法に，ルージュテストがある。ルージュやマーキングなどで自分の顔に変更を加える鏡を見て，その反応を見るルージュテストは，自己認識，アイデンティティにも関連している。まず，1歳未満の乳児は，鏡を見せられても他者に対するようにふるまう。1歳半を過ぎるとルージュに触れるようになり，2歳前後に拭き取ろうとする。鏡に映るのが自分であることを認知できるという社会的反応をとるようになるからだ。

　私たちは，毎日生活していると他者はどのように思っているかについて気になる。しかし，それには，自分の心への気づき，他者の心と自分の心は異なっていることへの気づきが欠かせない。たとえば，自分の心は，他者からは「見え」ないが，実際よりも他者に伝わっていると考えてしまう，本人が隠そうと思っていない内容であっても伝わっていると考えてしまうといったことがある（透明性錯視：心は他者に「見え」ないが伝わっていると思う）。自分が考えていることに合わせて他者の心も考えてしまう。私たちが，心を考えるとき，自己への気づき，他者との関係との関係が重要であることがわかる。“心”は関係的存在でもあるが，心がもつ機能や仕組みの特性を知ることで，自己や他者への気づきにも広がりや深まりを持つことができるだろう。

第1節　“心”の誕生

　私たちは，日々の生活の中で，心が自己や他者のうちに在ることを前提とした表現を用いているだろう。何か生じると，きっとあの人はこういう思いで，こんなことをしたのだろうというように，起きたことの理由を行動の背後にある心に帰属させている。しかし，私たちは一つひとつの行動を必ずしも，A→Bといった直線的な因果的思考をしてふるまっているとは限らない。そのため，円滑な対人的コミュニケーションを行うためには，3つの脳内システム（Like-me／different-from-me／予測とモニタリングのシステム）が必要不可欠であると考えられている（乾, 2012）。したがって，他者の心を知るには，人の心には，どのような特徴や特性があるのかを知り，心はどのように働くの

か，そして，人の誕生以降，どのように社会的発達があるのかを知ることは意
義があることだと考えられる。

　Psychology（心理学）の語源は，psyche（プシケー，心）と logos（ロゴス，
言葉，論理学）であり，人の心の意味には「自ら考える」ことを大切にする
意が含まれる。ドイツの心理学者で歴史学・哲学から心理学に転身したエビン
グハウス（Ebbinghaus, H., 1850-1909）は，記憶と学習の理論的基盤の築き
に大きな役割を果たした。心理学史の論説の冒頭に，「心理学の過去は長いが
歴史は短い（Ebbinghaus, 1908）」というものがある。人が「心とは何か」に
関心を抱き始めたとき，心理学は始まったといえるが，心理学史が始まったの
は，一つの独立した学問体系として確立されたときである。心理学の学問的樹
立の前夜は長かった。古代ギリシアの哲学，医学から始まり，17世紀デカル
トによる近代的な「こころ」を経た。そして，心理学の誕生は，1879年，ド
イツのライプツィヒ大学にヴント（Wundt, W. M., 1832-1920）が，世界で最
初の心理学実験室を設立したときとされている。19世紀後半に科学としての
心理学が誕生し，20世紀以降，現代に至る心理学がある。ドイツのライプツィ
ヒ大学教授のフェヒナー（Fechner, G. T., 1801-1887）が創始した精神物理学
（psychophysics）は，精神と身体の関係性を測定して科学的に解明しようと試
みる学問でもある。感覚の物理的基盤と主観的な知覚の関係を探求するうえで
基本的な研究に取り組み，感覚刺激の強度と主観的な知覚の関連性に関する法
則を提唱した（「フェヒナーの法則：感覚の強さ S は刺激の強さ R の対数の一
次関数であるとした。$S = k \log R$（k は定数）」）。精神物理学は，実験心理学の
基礎ともいえる重要な考えであり，心理学を科学的学問に近づけた重要な考え
方を生み出した学問でもある。その後の研究者たちによって継続的に発展させ
られてきている。

第２節　世界と出会う

第１項　社会的環境と心のしくみ

　私たちが，自己がおかれる社会的環境下で，何かを感じ，知り，考える心の
しくみはどのようなものなのか。脳が重要な役割を果たしているとされるが，
その思考の中枢は，大脳であると考えられている。脳全体に大脳の占める割合
は，新しい世代の生物ほど大きい傾向があり，大脳皮質は大小のしわによって
広い面積をもっている。この面積の大小が思考能力に影響を与えていると考え
られてきたが，しわの規則性や深さに関する研究，脳領域間の連携に関する研
究も進んできている。古い世代に戻ると，脳は管だったともいわれ，発生の間
に先端部の終脳では中心管は複雑に拡大して広い脳室を形作られ，皮質も複雑
に隆起や回転運動を起こしながら変形して，各頭葉が形成されたと考えられて
いる。人間の脳は非常に複雑で多機能な器官である。大脳（cerebrum）と呼
ばれる部分が最も発達し，思考，感情，運動，言語など，高度な認知機能を制
御しており，左右の半球は，それぞれ異なる役割を果たす。従来，左脳は言語
処理や論理的思考に関与し，右脳は空間認識や創造性に関与すると考えられて
いる。大脳皮質（cerebral cortex）は，高次の情報処理，意思決定，言語処理，
感覚入力などの機能を担当する。脳の神経細胞（ニューロン）はお互いにシナ
プスと呼ばれる接続点を介して通信しており，情報は電気的な信号から化学的
な信号へと変換されるプロセスが学習と記憶の基礎となっている。大脳辺縁
系（limbic system）は，感情，記憶，欲求などの重要な役割を果たす部分で，
扁桃体（amygdala），海馬（hippocampus），視床下部（hypothalamus）など
が含まれる。脳の可塑性（plasticity）があり，柔軟で経験や学習に適応する
能力を持っている。一方，脳は神経学的疾患や精神疾患が脳の異常に関連し，
脳の機能に深刻な影響を及ぼすことがある。いずれにしても，脳は情報の処
理と統合が行われ，認知，感情，運動，記憶などが緊密に結びつき，人の思
考，感情，行動，知識，そして人間らしい特性を形成する重要な器官になっ

ている。

第2項　日常生活と視知覚情報

　日常生活の中で，感覚と知覚の違いを語ることは難しいが，心理学では刺激を受容し，中枢でそれを認めることを感覚（sensation），質や強さを区別し，それらの時間的な経過を認めることを知覚（perception）し，いくつかの知覚を総合して，知覚されたものが何であるかを認める中枢のはたらきを認知（recognition）としている。

　私たちは，さまざまな日常生活における情報を処理している。世界を「認知」するためには，個々の物体をそれ以外のモノ（他の物体，あるいは背景）と分離し，距離，奥行き，物体の運動のしかた（速度，方向など）を計算する。物体をそれ以外のモノとの分離（segregation）では，ある対象を他のもの（他の物体や背景）と分離するには，対象を一つの「モノ（object）」として認識しその輪郭を同定する必要がある。このように物体の位置と形はさまざまな情報から計算している。「視覚認知とは無意識に行う推論のことである」といったのは，ヘルムホルツ（Helmholtz, 1821-1894）である。視覚認知は，さまざまな心的計算によって網膜上のイメージを再構成するプロセスである。日常生活の中でもよく知られる奥行き知覚は，視覚研究の古典的問題である。網膜像は二次元であるが，私たちに世界は立体的に「見え」ている。人は，網膜の二次元の像を，両眼視差，運動視差によって，また，線遠近法，大気遠近法，肌理（きめ）の勾配，重なり，運動視差などを手がかりにして世界を見ている。手がかりを利用して，たとえば，私たちは歩き始めると，遠くにあったものが近づいて，遠近法（perspective）の線に沿って視界の外に流れ過ぎていくことを知っている。遠近法は，視覚に関する心理学的な概念で，空間や物体の奥行きや距離感を知覚する能力をいい，知覚心理学や認知神経科学の分野で研究されている。一方，本著で後述する他者の視点取得（perspective-taking）とは，これらの概念とは異なる文脈で用いられきているが，他者の視点を理解する能力と，空間的な情報を認識する能力が含まれる点が共通している。

第3節　考える心のはたらき

第1項　心への科学的なアプローチ

　心への科学的アプローチとしての心理学の研究は，19世紀までの心理学は哲学の影響を色濃く受け内観法によって要素還元主義的に進められていた。その後，20世紀初頭に行動主義が台頭し，客観的に測定可能な行動に研究の焦点を当てるようになった。20世紀の心理学の主流は，意識，主観，要素へのアンチテーゼ（否定）として確立された。心理学の研究は，学習に関する実験研究も展開されるなかで，行動主義の学習観にもとづいた考え方がとられ，いくつかの大変よく知られてきている代表的な研究がある。パブロフ（Pavlov, I. P., 1849-1936）は，ロシアの生理学者であるが，古典的条件づけの実験で知られている。「パブロフの犬」として知られる実験で，刺激と反応の関連性を調査して，古典的条件づけの概念を確立している。パブロフの研究は行動心理学や行動主義心理学の基盤となり，動物の学習や行動の研究に重要な影響を与えたが，人間の学習や心理学の分野においても応用され，条件づけや学習理論に関する重要な理解を提供している。パブロフの犬による条件づけ実験の成果を用いたワトソン（Watson, J. B., 1878-1958）のアルバート坊やの実験，ソーンダイク（Thorndike, E. L., 1874-1949）のネコの問題箱実験など多くの研究が行われてきている。ワトソンは，アメリカの心理学者で，行動主義心理学の創始者の一人として広く知られている。ワトソンは，心の内的プロセスではなく観察可能な行動を中心に研究し，心理学のアプローチに変化をもたらした。学習は，環境との相互作用によって形成されるもので，知識や行動の変化が学習の結果として現れると考えられるようになった。「新しい行動様式」や「知識」の習得を学習と考えるのが，行動主義心理学の伝統的な学習観である。その行動主義心理学が盛んな時期（1950年代後半〜）に，バンデューラ（Bandura, A., 1925-2021）は，カナダ人の心理学者で，社会的学習理論を提起した。社会的環境における学習は，行動主義的な「連合学習（強化子による

学習）」とは異なっている。人は，他者の行動の観察（モデリング）によって，他人がある行為の結果として報酬を得たことを観察することを通して，自分もそうしよう，という思いを抱く（代理強化；vicarious reinforcement）。このことを，バンデューラは，直接的経験（行動），外発的動機づけの強化（報酬と罰）がなくても社会的学習が成立することを実験的に証明した。

第2項　記憶，知能，思考

　心理学の中核的な分野の一つである記憶の研究を通じて人間の認知プロセスや行動に関する理解が進められてきている。記憶の研究を通じては，認知プロセス，情報処理，学習，発達，認知障害などに関する理解を深め，個人の日常生活や学習，臨床的な介入などに役立つ知識を提供している。

　たとえば，テスト対策の一夜漬けで覚えたことを，すっかり忘れてしまうことは，しばしばある。記憶とは，「憶える（銘記）」→「憶えておく（保持）」→「思い出す（想起）」のプロセスとされる。そのため，自分では憶えた（銘記）と思ったにもかかわらず，情報を保持しきれずに思い出すことができないことも生じる。また，「単語を順に提示します。後で尋ねるので，できるだけ，たくさん覚えてください」とするテストでは，初めに出されたもの（初頭効果）と最後のもの（親近効果）は思い出されやすい（系列位置効果）。そのため短期記憶と長期記憶の二重記憶モデルが提唱されている。短期記憶から長期記憶への移行は，教育や学習における課題である。

　心理学では知能と思考の多くの側面を包括的に研究されている。知能は思考を含む認知プロセスの一部で，思考のプロセスは知能の一部である。知能の理解や評価は，個体の思考能力，問題解決能力，学習能力などに関連している。

　私たちは，「知能とは何か」と聞かれたら，「頭の回転が早い」，「記憶力がいい」，「発想が豊かである」，「人との付き合いが上手」などを思い浮かべるかもしれない。しかし，知能という概念の測定には限界と効用がある。日常生活に範囲を広げると，人間の知的能力とは一様で単一な性質のものではなく，複数の性質を併せもち明確な区分が難しいことが容易に想像できる。そのため知能

とは，一つの能力というよりも，たとえば，「抽象的思考」，「学習する能力」を含めた「環境に対する適応能力」であるというように複数の能力として「知能」を考えられるようになってきている。このような展開においても，知能の理解には，たとえば，ゲゼル（Gesell, A. L., 1880-1961）のように，初期の発達心理学研究者が取り組んできたように行動の観察は重要になると考えられる（cf., Gessell, 1934）。

　思考とは，生体が問題解決のための新しい手段を見つけて対処する行動を生み出し，支え方向づける内的な心的過程を指す重要な心の過程である。思考は，生体の営む最も高度な適応の働きであり，習慣，知識を改変したり修正したりして，新しく再体制化もしくは再構造化する過程である（たとえば，「ソーンダイクの猫の問題箱実験（Cat in a Puzzle Box）」：箱の中に閉じ込められた猫が箱から脱出するための方法を学習するプロセスを研究した）。思考は内化された心的表象，概念，言語を操作する心的過程とされる。

　記憶，知能，思考，そして視点取得は，人間の認知機能において密接に関連し相互に影響している。記憶は過去の経験や情報を記銘，保持，再生するが，思考と密接に関連し，新しい情報を受け取る際に経験や知識，スキーマによって判断や推論を行っている。記憶は思考の情報源として機能し，新しい考えの産出や問題解決に用いられる。知能は，さまざまな課題や問題に対処する能力であり，思考の質や効率に影響する。思考は，情報の処理・理解・問題解の過程である。したがって，記憶，知能，思考は視点取得にも影響を与え，思考の傾向や経験，学習による視点が，思考の過程を形成している。

第4節　心の発達

　20世紀初頭の発達心理学分野における初期の論争は，nature－nurture論争（遺伝か／環境か）と呼ばれている。人の心の特性が，遺伝的要因によって決まるのか，環境的要因によって決まるのか，それはそれぞれどのようにして関連するのか——さまざまな問いは今日も続いている。もともと"発達心理学"

とは英語では，"Developmental Psychology"になる。この"development"の語源をたどると，離れると「巻く」，「包む」の組み合わせからなるラテン語の"desvolvĕre"に由来している。物事が巻かれて包まれるから発展し，広がることや進化することを指す。発達は，潜在していた本質が徐々にその姿を現す過程といえる。さらに，現代の心理学における発達とは，受精から死に至るまでの人の心身，および，その社会的な諸関係の量的および質的変化・変容と考えられるようになってきている。そのため発達とは，個体の生涯にわたる心身の機能や形態の変化の長期にわたる系統的，持続的，定方向的な変化を指すものであり，発達の過程には増加／出現だけではなく，減少／消失も含まれる。心の発達において，他者の心的状態の推測と理解に関する空間的な視点取得（perspective-taking），心の理論（Theory of Mind）等は相互に関連しており，個々の能力の発達が他の能力に影響を与え，個人の発達と社会的適応に影響を与える。

第1項　赤ちゃんの心の能動性

　生理的早産（physiological premature delivery）は，スイスの動物学者ポートマン（Portmann, A., 1897-1982）が提唱した概念になる。他の離巣性の哺乳類と比較して，人間は未熟な状態で生まれてくる。そのため胎児が充分に成熟（生後すぐに自力である程度の生活が可能である，成体に近い能力を備えている状態）するには，本来22ヶ月程度かかると考えられるにもかかわらず，実際には10ヶ月と未熟な状態で生まれてくるということを指し示す概念になる。

　しかし，近年では，未熟で受動的な存在というよりも，赤ちゃんは自ら周りの環境に積極的に働きかけ外界を認識しようとする能動的存在であることが，数多くの先行研究により示されている。選好注視法による実験（Fantz, 1961），視覚的断崖実験（Gibson & Walk, 1960）が大変よく知られる。また，人間では生後数ヶ月の間に原始反射があらわれる（やがてそのほとんどが消失する。口唇反射，把握反射，モロー反射など）。

　人間やチンパンジーなどの生後まもない新生児が，他者の顔の動き，とくに

舌出し行動，笑顔などを模倣することも新生児模倣（Neonatal Imitation）として知られている。社会的学習と感染的行動の例ともされる新生児模倣は，社会的視点取得にあたる「心の理論（Theory of Mind）」による他者理解の発達の基盤にあることが考えられてきている。また，新生児模倣とミラーニューロンシステムにも関連があるのではないかともいわれている。新生児の微笑みには，生後2ヶ月程度で消失する自発的・反射的微笑と，その後の他者との関係の中で生じる社会的微笑がある。こうした行動を獲得していく過程には模倣（imitation）という能力がある。生まれながらの新生児も大人の表情を模倣することができるが，模倣にも，新生児模倣（例：舌出し模倣）と，意図的模倣（例：バイバイやおじき）がある。模倣は発達のさまざまな段階で重要な役割を果たす。乳幼児期に発達の遅れが心配される場合に，早期から小集団活動に適切な支援をうけて参加することが発達に有効だと考えられて多くの福祉機関等で発達のフォロー・アップのための小集団グループ活動が提供されている。同年齢集団においてこの模倣の能力をもちいることで日常生活に求められる行動獲得に役立つためである。最近では，「小1プロブレム：小学校1年生が学校環境に慣れずに，立ち歩きや私語などが多く生じて学級活動が成立することに困難がある状態を指す」の課題も受け，就学前の5歳児の健診とともに集団適応準備グループの運営も地方自治体等によって提供されるようになってきている。

第2項　誕生後の心の絆

　赤ちゃんが誕生した後，乳幼児期に基本的な欲求を満たしてくれる人との間に生まれる感情的，社会的結びつきは愛着と呼ばれている。愛着の形成が，特定の大人との間における情緒の発達，認知の発達，身体の発達にも影響を持ち，生涯を通じて人への信頼感を築く基盤であると考えたボウルビィ（Bowlby, J., 1907-1990）は，「愛着の発達段階（Bowlby, 1969）」を論じている。イギリスのボウルビィの「愛着理論（Attachment Theory）」は幼少期から成人期にかけての人間の愛着関係に焦点を当て，発達心理学や臨床心理学の重要な理論

の一つとなっている。ボウルビィは，精神分析の対象関係論学派の初期の考え方（「子どもの反応は，実際の生活でのできごとよりも，子どもの内的な空想世界に強く関係している」）に影響を受けた一人である。アメリカの心理学者エインスワース（Ainsworth, M. D., 1913-1999）は，ボウルビィの愛着理論を発展させ，1970年代にストレンジ・シチュエーション法（Strange situation procedure; Ainsworth & Bell, 1970）を1歳前後から2歳頃の子どもを対象にして愛着の質を測定する方法を開発した。また，20世紀中旬の文化的背景の中で，母乳を与えて赤ちゃんを栄養的に満たす以外の母子の接触は推奨されなかった頃，アカゲザルを用いて，ハーロウ（Harlow, H., 1905-1981）が愛着に関わる実験を行っている。よく知られた実験では，おむつの柔らかい布への愛着と，母親の姿がないこととの相関する心理的変化に気づいて母子の絆を調査した。ハーロウは，母子分離，依存欲求に関するアカゲザルの社会的隔離実験でよく知られ，社会的および認知的発達における養護と交流（caregiving and companionship）の重要性を明らかにした。

　愛着の形成と視点取得は相互に影響し合い，心身の健全な発達や心理的な安定に影響を及ぼす。愛着は，子どもが親（主たる養育者）との関係を通じて形成されるが，親子の相互作用や関係の質は，子どもの安心感や自己肯定感の形成にも影響を与える。親が子どもの視点を理解し，子どもの欲求や感情に共感的に反応することで，子どもは自己の存在や価値を確認し，安全で支えられた感覚を得ることができ，子どもが親の視点を理解し，親の立場や考えを受け入れることで，相互理解や信頼が築かれ，愛着関係が深まる。

第3項　他者の情報から行動を調整する

　子どもが行動する前に重要な他者の反応を伺い行動を調整する行為は，1歳前後から見られる。社会的参照（social referencing）は，発達的には，生後9ヶ月以降に見られ，子どもが初めての人やモノ，出来事に遭遇した際に，愛着を形成している大人のほうを見て，大人が示す情動に合う形で，新しい状況に対処する行動のことである（Sorce, et al., 1985）。大人のほうを見るという情

報探索と大人の情動に合わせて自らの行動を変化させるという行動調整の2要素が含まれる（Campos & Stenberg, 1981）。他者の注意の所在を理解しその対象に対する他者の態度を共有することや，自分の注意の所在を他者に理解させその対象に対する自分の態度を他者に共有してもらう行動を指す。共同注意（joint attention）の形成は，おおよそ生後6ヶ月から18ヶ月にできるようになる。共同注意は，とくに社会的な視点取得と密接な関係にあり，共感性とも関連している。同じモノ（対象，事がら）への注意の共有では，その共有された焦点に関連する互いの観点を理解しやすくなる。共同注意によって同じ経験を共有するので，視点取得による共感や理解を育むことができる。

　子どもが幼い時期に，他者との共感性を高める環境で養育されないことがある。ホスピタリズムとは，乳幼児期に何らかの事情により長期にわたって親から離されて，社会的に適切な養育環境にない場合にでてくる情緒的な障害や身体的な発育の遅れ（運動・知能・言語の遅れ，無感動等の症状）などの症状を総称している（hospitalism; Spiz, 1945）。食事，排泄，運動等の母性的愛撫行為をマザーリングの不足が原因と考えられている。とくに生後6ヵ月以降の自我萌芽期に母親の存在が必要とされている。マターナル・デプリベーションは，発達初期の母子関係の欠如をいう。また，知的発達水準の高低にかかわらず社会的参照場面において，共同注意の発達の遅れが自閉性障害の特性として現れやすい（Bacon, et al, 1998）。

第4項　心のしくみと嘘

　イタリアの作家カルロ・コッローディの「ピノッキオ」はよく知られた児童文学作品である（1883；原作時）。おもちゃ作りのゼペット爺さんは「痛い」「くすぐったい」と言葉を話す丸太を使い，心を込めて，操り人形"ピノッキオ"を作った。世に生を受けたピノッキオだったが，その性質はあまり褒められたものではなかった。そして，続編「ピノッキオ」では，妖精の前で嘘をついたピノッキオの鼻はぐんぐん伸びてしまう。人の親がどんなに心を込めて育てても，子どもは年齢が上がるとともに，「うそ」をいうようになってくる。

　子ども時代のうそには，実際には心理的な発達過程における課題も多分に含まれている。たとえば，記憶容量，つまり，記憶できる単位（チャンク・固まり）は，幼児では，「年齢－1」といわれる。そのため前のことが思い出せずに直前の事を応えてしまいうそになる。また，幼い時期には，「願望」と「現実」の区別がつかないので，「サンタクロースがくれた」と思う。お兄ちゃんのおもちゃのうち自分が欲しいと思っていたおもちゃを「お兄ちゃんがくれた」と願望が実現したかのように感じてしまう。そして，自分自身の意図と母親の意図が一致しない体験をして，母親は独立した存在であるとわかるようになる2歳から3歳前後は，第一反抗期にあたる。自分から見た世界が生まれることで自己主張が芽生えるが，葛藤，罰を受ける恐怖も生じるため，苦し紛れの「うそ」が生まれる。嘘をつくことは良いことではないが，嘘が必要なときもある。身近な大人や子どもたちの観察学習による「罪のない嘘」と「嘘のための嘘」は，子ども自身の発達にも影響を及ぼす。

　魅力的なおもちゃ実験（Lewis & Sullivan, 1989）は，魅力的なおもちゃを前に，子どもはどう振る舞うかを検証している。実験では，実験箱に隠してある玩具が何かを子どもに尋ね，答えを見せる前，実験者が呼ばれ，その場を離れる。その際に，実験者は「おもちゃを見てはだめだよ」というが，玩具がいろいろと音を立てるので，たいていの子どもが見てしまう。実験者が戻ってきたときに，「見た？」と尋ねると，おもちゃを見た3歳児のうち，40%近くが「見ていない」といい，さらに，4歳頃からほとんどの子どもが玩具を見たにもかかわらず「見ていない」というような表面的な嘘は，この頃から発達するらしい（Talwar & Lee, 2002）。ただ，身近な大人，子ども集団からの学びは，「うそ」の学習のほかにも，想像性の発達，社会的役割取得の発達を促し，とくに，ごっこ遊びは，ものや状況を見立て，役割を担いながらふるまう社会性を育てる大事な遊びでもある（パーテンらの遊びの分類；Parten & Newhall, 1943）。

　3〜4歳頃から始まる子どもの嘘は単純で見破られやすいが，成長するにつれて，他人の視点や意図を理解するようになるため，罰を避けたり，承認を得たり，自尊心を守るために嘘をつくこともある。子どもは成熟するにつれて，

他者の心的状態，視点や感情を理解することができるようになる。この発達は，社会的相互作用，共感，道徳的推論にとって重要である。子どもの嘘は，罰から逃れたい，注目を浴びたいなど，目先の関心事を中心に展開されることが多い。しかし，大人の嘘は，集団内の調和，誰かの気持ちを守るなどで嘘によるメリット・デメリットを考えるようになる。発達，認知，社会文化的要因による影響によって，嘘と視点取りは複雑に絡み合っている。

第5項　社会的集団と自律的ふるまい

　児童期になると，子どもは社会集団の中で自律的にふるまうことが期待されるようになる。社会的に参加する環境における自立への階段と親への依存との間での発達心理的な課題も抱えるようになる。子どもの個としての心理的発達は，思考，認知の発達に支えられていき，自分なりに物事の筋道を立てて話そうとするようになってくる。遊びや空想の中で満足するのではなく，現実的な物事を達成することで満足を得るようになる。知能的技能の習得やコミュニケーションを円滑に行うための技量が課題になり，自分で考えたことを言葉にして主張するようになってくる。他者の中でも自己を主張できるようになっていく。自己意識は社会的な要素と強く結びつき，他者の評価や社会的な規範に対する意識が高まり，自己概念は他者の視点からも形成されるようになってくる。やがて，思春期に入ると，他者との自立的な関係の中で自己と他者とを比較して，自己概念について考えるようになる。自己概念とは，自分の性格や能力，身体的特徴などに関する自分の考えである。自己概念とは，自己観察や周囲の人々のその人に対する言動や態度，評価などを通して形成される。比較的永続した自分の考えで，自らが自己を対象（客体）として把握した概念とあたるようになる。このような自己意識は，視点を自分の外側に移動させ，そこから自分を見ることで生まれる。視点を外に移動するため，その目は，他者からの目と類似した位置となる。自己意識が高い場合，外からの印象を強く意識することになる。そのため自己意識が高い人は，低い人と比較し，自分の行動をより強くモニタリングするのではないかと推測される。自己意識の発達，自己

概念の発達の過程において，自尊心は，自己価値に関する感覚である自己肯定感を守る。

　人は自尊感情を守るため，何かが起きたとき，いくつかあるその原因の説明を考える。そのために，人は原因を帰属するための方法をいくつか持っている。心理学における「原因帰属（attribution）」は，人々が他人の行動や出来事について，その原因や理由を説明しようとする認知プロセスを指す。原因帰属の研究は，社会心理学や認知心理学の分野で行われ，個人の感情，行動，判断に影響を与える要因を理解するために用いられている。原因帰属の中心的な概念は，内因（internal attribution）と外因（external attribution）である。内因は，個人の内部の特性や能力，意図に原因を帰することを意味し，外因は外部の環境や状況に原因を帰することを意味している。内因バイアス（fundamental attribution error）は，他者の行動に対して内因を強調し，外因を過小評価する傾向を，他者の失敗を他者の性格や能力の問題として説明することがある。しかし，内因と外因のバランスを考慮することで，外因を考慮することは公平な評価や理解に役立ち，特定の状況や行動の背後の要因を的確に理解することが欠かせない。自己への原因帰属は自己認識と自尊心に影響を与えるため，人は自己の成功には内因帰属を自己失敗には外因を強調する傾向があるが，人の意思決定や行動について適切な洞察を図ることが，対人関係の質を向上させることにつながる。

第6項　社会人への移行過程と自己感の変化

　青年期（adolescence）は，児童期と成人期の間に位置し，身体的，認知的，感情的，および社会的な変化が著しく，自己の発達に大きな影響を与える。多くの人にとって，自己概念の成長と自己発見の時期であり，さまざまな気づきが訪れるアイデンティティの形成の時期であり，自分は誰か，何者かという問いに向き合い，自分の価値観，信念，趣味，興味を探求し，それらを肯定するプロセスが進行する。そのなかで，自分の性格についても深く考えるようになる。

　性格の理論には，いくつかのタイプに分けて理解する類型論と，個人の持つ多くの特性により性格を記述する特性論がある。前者はヨーロッパで発達したが，後者はアメリカ，イギリスを中心にして発達した。個性とは，その人がどう生きるかという問題でもあり，人が所属する人間関係や集団という社会における問題とも密接につながっている。個性や独立性の発達は，社会性の発達の一側面にほかならない。社会性の発達では，仲間との相互の関係の機会が大切なように，独りになり得ることも個性を育てるうえで必要なことである。「個」の育ちにおける課題には，一般的なものか，特殊なものなのか，それらの関係性，力動的構造関係など，その背景にある要因も踏まえて考えることで，それぞれの課題の性質をよく見極めることができる。たとえば，ビッグファイブ（開放性，良心性，外向性，同意性，神経質性）モデル（Goldberg, 1981）で説明される特定の性格特性が，心の理論や視点取得能力に影響を与える可能性があると考えられる。

　社会人への移行過程にある〈若者〉という自己意識は，「〈大人〉や〈体制〉との差異によってようやく意味を持つ〈我々〉意識（宮台ら, 1993）」と表現される。社会における自我の形成では，自己を取り巻く文化との関係性と，現実に反映される自己との向かい合いが求められ，そこには自尊心の維持という難題が浮上してくる。人は，乳幼児期から，相対的に独立した自己を認識し始める。発達過程で，自己概念を調節しながら形成していく際，内的な自己評価が一貫していないと葛藤が強く生じやすいが，社会的人間関係の中で自己を認識することで調和を図ることを手立てとしている。自我と文化は絶え間なく，私的自己意識，公的自己意識，外的自己意識のバランスを図りながら互いを形成しあっている。このような過程を通しての高校生や大学生の進路決定は，青年期のアイデンティティ，自我同一性の確立の過程である入学から卒業までの間を通して行われる。自分とは何者か—自己概念の形成にかかわる内省的活動と情報収集，スキルの習得，対人関係の構築などの外的な活動を行いながら，キャリア形成の準備が行われていく。それまでの経験や努力を伴って形成される自己効力感が，探索行動への動機づけとなる。

第7項　社会的な自己と心理的身体的変化

　乳幼児期，児童期，青年期における心身の劇的な変化に比較して，成人期には，自己の社会的経験を通して自己を見つめ直して新たな自己を見出していくことが求められてくる。成人期はとくに個人の発達において大きな変化が起こる段階である。自己同一性の発展が進行し，個人のアイデンティティ，価値観，信念がより明確になり，自己の役割や目標に対する洞察が増すようになる。そのため，個人の発達において社会的，心理的，身体的な変化が同時に進行し，個人のニーズや目標に合わせた適切な適応と調整を要するため，変化に対処するために適切なサポートやリソースが求められる。

　エリクソン（Erikson, E. H., 1902-1994）は，心理社会的発達段階論（Erikson's psychosocial stages of development）を唱えたことでよく知られている。Erikson (1950) は，成人期における発達課題を成人前期「親密と孤立」，成人後期「世代と停滞」としている。成人期には，自己の社会的役割関係について自律的なバランス取りが求められる。とくに心理的身体的な変化から，時間的限界感，生産性の限界感，老いと死の不安といった否定的変化を伴い，心理的側面からの支援を要する場面も生じやすい。日常生活との関係におけるその人のものの受け取り方，考え方に働きかけ，ものの見方，考え方のバランスを取り，問題解決をはかる方法の一つとして，たとえば，認知行動療法が適用される。社会的な自己の発達は，子どもの頃から始まり，人生のさまざまな段階で発展し，さまざまな社会的なコンテクストでの経験や関係が自己の発達に大きな影響を与える。社会的な自己の発達と他者の心的状態の推測や理解について考えるとき，個人の成長と社会的な関係の進展を組み合わせられることが重要になる。

第8項　自らを生きる老年期

　老年期（Late adulthood）の社会における位置づけは時代により変化している。情報収集や情報保存が難しかった時代には，老年者の長い人生で得た経験や知識は他に代えがたく貴重な情報源で知恵であった。生活上に生じるさまざ

まな困難についての具体的な対処を知る老年者は，家庭や社会の集団存続上の情報，知恵を提供する役割を取って伝統を継承する役割を担っていた（cf., Simmons, 1945）。

　認知機能は個人によって異なるが，老人期には情報処理の遅れや記憶の問題が現れることがある，一方，経験に基づいた洞察力や知恵が発展することもある。キャッテル（Cattell, R., 1905-1998）の流動性知能と結晶性知能の概念は，知能を多面的に理解するための重要な枠組みとして広く受け入れられている。キャッテルは，因子分析法により，知能には，結晶性知能（crystallized intelligence）と流動性知能（fluid intelligence）があることを発見している。結晶性知能は，成長する過程で身につけていくものである知識や経験の豊かさと結びついた能力にあたるため，今日では，生涯にわたって発達するものとして考えられてきている。一方，流動性知能と関連する推理，短期記憶，知覚速度などは，一般に，青年期から成人期でピークに達する。その後，老年者の内的状態を考えるうえで，重要な指標は，幸福感である。しばしば，心的機能の低下，社会への周辺的参加によって，一般に孤独感を深め，内向的になりやすいと考えられやすい。

　しかし，近年では，エイジングパラドックスと呼ばれる現象があるといわれる。エイジングパラドックスとは，老化に関する研究や医療の分野で，一概に年齢と健康の関係を単純化することができないことを示す。老年期において，より広い視点を持つことが増えると，人生の経験から他人や社会に対する理解が深まり，物事を長期的な視点で考えることができるようになりえる。過去の経験から他者の感情や行動に共感しやすくなり，他人とのコミュニケーションがより豊かで深いものとなったりする。そのなかで，自己の過去と現在を評価して自己受容と自己認識を高めることで，生活の意味や価値観を再評価して人生の目標や達成感を見つけ，ストレスへの適切な対処やポジティブな心理的態度によって幸福感を維持できる。

　エイジングのパラドックスには数多くの理論が存在する。代表的なものには，選択的最適化補償理論（Selective Optimization with Compensation: SOC理論），また，残された時間をどのように認識するかによって動機づけが変化

図1-4-1　ポジティブ，ネガティブ，およびニュートラルの画像を正しく認識した割合と，年齢と価値の交互作用（縦線）および調査参加者間因子（年齢）の信頼区間（CI）（Charles, et al.（2003）にもとづいて作成。研究1より）。

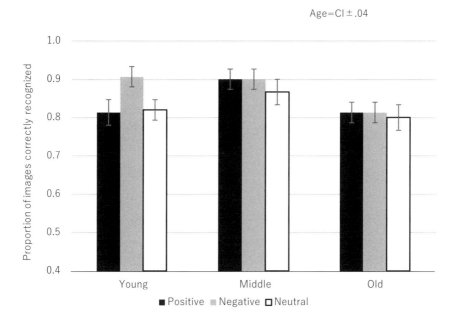

Age=CI±.04

これらの結果を図で表すと，縦軸 Proportion of images correctly recognized は0.4から1.0，横軸は Young, Middle, Old。凡例は ■Positive ■Negative □Neutral。

すると仮定する社会情動的選択性理論（socioemotional selectivity theory）がある。Charles, et al.（2003）は，ポジティブ，ネガティブ，ニュートラルな刺激に対する想起記憶と認識記憶における年齢差を2つの研究で検討している。研究1では，若年者，中年者，高齢者にコンピューター画面上の画像を見せ，注意散漫課題を行った後，まずできるだけ多くの画像を想起させ，つぎに新旧の画像から以前に見せた画像を識別させた。肯定的な画像や中立的な画像に比べて否定的な画像の相対的な想起数は，年齢が上がるにつれて減少した。認識記憶においても，ネガティブ画像に対する相対的な記憶の優位性は，図1-4-1でも示されるように年齢とともに同様に減少する（なお，研究2では，想起と認識の正確さにおける年齢差が最も大きかったのも陰性画像だった）。これらの結果は，加齢に伴い感情調節への投資が大きくなるとする社会情動選

択性理論と一致している。人間は，加齢に伴って生じる変化に適応するために，社会認知的な情動調節を行うことで幸福感を維持することができる。老年期にある他者の心的状態を推測し理解し，適切な視点を取得することは，個々の人々とのコミュニケーションや関係を向上させるうえでも重要である。老年期の人々の個々のニーズや希望に焦点を当て，相互的に尊厳と人格を尊重することが，老年期の社会的環境作りの支援になる。

第2部

視点取得はどのように発達するのか

第 2 章

他者の視点を取る

第1節　視点取得研究について

第1項　ピアジェの認知発達理論とコールバーグ，セルマン

　発達心理学において，視点取得は，幼少期から児童期を経て青年期にかけて大きな発達的変化を遂げる重要な認知スキルである。発達心理学の先駆者であるピアジェの認知発達理論の文脈を展開し，コールバーグ（Kohlberg, L., 1927-1987），セルマン（Selman, R. L., 1942- ）といった後の研究者たちは概念的にさらに発展させた。ピアジェの認知発達論では，幼児期（前操作段階）の子どもは自己中心性を示し，他者の視点に立つことが難しいが，児童期（具体的操作期）になると，他人が異なる視点を持っていることを理解し始める。ただし，抽象的な状況や仮想的な状況では，正しく把握するのはいまだ難しいことがある。その後，青年期に入り，抽象的な思考ができるようになることで，問題解決においても多面的な見方ができるようになる。

　コールバーグの道徳的発達段階では，前規範的水準の段階（幼少期から学童期にかけて）は，個人的な利益と罰の回避を重視するために，視点は限定的であり，道徳的判断は自己利益に基づいている。慣習的水準の段階（学童期終盤から青年期にかけて）では，他人が異なる視点を持っている可能性があることを理解するようになり，道徳的推論がより微妙さを増してくる。ポスト慣習的水準の段階（青年期以降）になると，個人はより高度な観点からの判断ができるようになって，より広範な社会的視点を考慮することができるようになってくる。

　セルマンの役割分担の段階では，子どもは，自分の視点と他者の視点を区別することが難しい（未分化：3〜5歳）自己中心的役割段階（レベル0）から異なる情報へのアクセスに基づいて，他者が異なる視点を持っているかもしれないことを認識する（社会的情報：6〜7歳）主観的役割取得段階（レベル1）になる。その後，個人の経験が視点に与える影響を考慮しながら，異なる視点を理解し比較することができるようになってくる（自己反省的：8〜11歳）二

人称相応的役割取得段階（レベル2）になる。さらに，公平な第三者の視点を考慮できるようになり，視点がより抽象的になる（第三者的：10〜14歳）三人称的役割取得段階（レベル3）になる。やがて，青年期には視点を考える際に社会的・文化的視点を考慮に入れることができる（社会的：15〜18歳以上）一般化された他者としての役割取得段階（レベル4）に至り，多様な視点が存在する状況で自分自身の視点を理解する。そのなかで，人の心の無意識の世界を理解し，いわなくても明らかなことが深いところで共有される意味を認識するようになってくる。

　子どもは青年期にわたり，さまざまな認知的・道徳的段階を経るにつれて他者の視点を理解し，評価するようになる。そして，その能力はより洗練されていくダイナミックな発達過程を展開し，社会的相互作用，道徳的推論，対人関係の形成に影響を与えるようになっていく。人間はその認知発達に伴い，目の前に対面している他者との関係を見つめるもう一人の他者の視点によって，自己の言動やふるまいを調節したり，修正したりすることができるようになる。

第2項　現在に至る2つの視点取得研究の流れ

　自分の視点を異なる立場や位置に移動させ，その視点にある他者の心的状態である思考や感情を推測すること，その視点から見える世界を推測することを視点取得という。他者の視点に立って，他者から「見え」ている世界を想像する，世界を考えることを視点取得という（Galinsky, et al., 2008）。空間的視点取得とは「自分とは異なる別の位置まで視点を移動させ，そこから見えるはずのみえを思い描くこころの働き」である（渡部, 2003）。一方，社会的視点取得は初期の役割取得研究から，1980年以降，「心の理論」研究の流れの中で展開されてきている。

　空間的視点取得は，他の物体に対する自分の位置など，物体間の空間的関係を理解し解釈することである。子どもの発達における空間的な視点取りの発達過程には，早ければ生後数ヶ月の乳児から発達し始める対象の永続性の理解ができるようになる。物体は見たり聞いたりすることができなくても，存在し続

けるという理解ができるようになる。その後，子どもは身体的発達とともに，空間における自分の位置を認識し，障害物を避けて歩いたり，物に手を伸ばしたり，活発な身体的活動に取り組むようになる。その後，物体を心理的に操作し，空間的な関係を理解するようになる。たとえば，ある物体を別の位置に動かしたり，逆さまにしたりすると，どのように「見え」るかを想像することができるようになる。そして，大規模空間の縮尺図である地図上の記号の読み取りもできるようになり，他者の空間的視点を理解するようになるが，空間的視点取得の発達過程には，環境的要因もその発達に影響を与える。

　2つの視点取得とされる空間的視点取得（Spatial Perspective Taking）と「心の理論（Theory of Mind）」は，どちらも人間の認知プロセスにおいて重要な役割を果たす。いずれも目につきやすい経験に囚われないことが求められる。他者の視点を理解することは，コミュニケーションや社会的共感の理解に役立てられるため，どちらも他者の見方や考えを理解するための認知的なプロセスを必要としている。他者の視点や信念，意図などを理解することは，社会的な相互作用やコミュニケーションにおいて基本的な役割を果たしている。そのうち，空間的視点取得は，物理的な環境や対象の配置に関する他者の視点を理解することにあり，方向性，位置関係，物理的な課題解決などに応用される。一方，「心の理論」は，他者の信念，意図，感情などの精神的状態を理解することにあり，人間関係，共感，道徳的判断，言語理解などの広い範囲に応用されてきている。また，空間的視点取得と「心の理論」の神経生物学的基盤に関しては，異なる脳領域を活性化することが示されてきており，それぞれ独自の神経回路を持つものとして考えられてきている。空間的視点取得とともに，「心の理論」による社会的他視点取得の2つのプロセスを理解することは，人間の認知と相互作用の複雑さを理解することについても役立てられる。

第2節　見ることと知ること

第1項　視点取得と見ること

　私たちが，日常的な他者の心を理解し，その表象を理解できるかどうかにおいても自分の心と他者の心がそれぞれにあるものとして捉えられ，他者の表象を推論できるかどうかは重要なことがあるといえる。とくに，空間的視点取得においては，自己と他者の「見え」が異なることを知り，どのように異なるのかを知ることが求められる。これまでも，空間認知の発達の現れ方については，Hart & Moore（1973）が，Piaget & Inhelder（1948）の空間概念の発達理論を基礎として，（1）空間の体制下の発達段階水準（感覚運動的空間，前操作的空間，具体的操作的空間，形式的操作的空間），（2）空間の関係や特性（位相的空間から射影的空間，ユークリッド的空間），（3）表象モード（活動的から映像的，象徴的），（4）参照系（自己中心的参照系，固定的参照系，相互協応的参照系），（5）地誌的表象の型（ルート型表象からサーヴェイ型表象）をあげている。これらの示す発達の方向は，運動的理解から概念的理解，また，一者的関係という意味での絶対的理解から，多軸多層的な相対的理解といえる。そのため空間的視点取得の先行研究に照らしても，空間移動などの体験的学習を伴うと，自己と他者の視点が異なるものと捉え，自己と異なる視座をもつことで，自己と他者の視点を協応させた空間理解が進められやすい。また，幼児が視点取得課題に失敗することは，他者の「見え」のような抽象的な空間情報が，対象の位置に関する空間情報と葛藤するためであると考えられる（Presson, 1987）。このような場合，他者の視点が目指すもの，たとえば，方向や目標を理解することが，その解決の手がかりになる。つまり，他者の視点が目指すものを知るということは，それを社会的観点から理解するならば，自己が他者に関心を有して他者を〈見ること〉，それは，他者の意図を〈知ること〉にもつながってくる。

第2項　見ることと知ることの発達

　人はきわめて早い時期から他者の視線を敏感に察知し，その方向に自分の視線を向けることを行い，自分の興味を持っている対象物に他者の視線を仕向けることによって，共同注視が可能である（Bruner, 1983）。乳児は生後2ヶ月頃から養育者の視線を追視することができるようになり，生後6ヶ月以降には他者に対する注意を他者と共有する行動が成立する。共同注視が自己，他者，対象物の間に成立する関係であるならば，その両者の視線を向けた対象物が自己と他者の心的状態になると考えることができる。他者が注意を向けた対象が他者の心的状態を構成する要素となりうる。その対象に自分も注意を向けたということは，その結果として，他者の心的状態を自己も「知ること」につながる。またその反対に，自己の注視した対象物に他者の視線を向けさせることは，自己の心的状態を「知らせる」機会を他者にも与えるといった行為になる。すなわち，「見る」といった行為はその人の注意がどこにあるかということを「知ること」であり，他者の心的状態を理解するということは，「見ること」によって示された心の注意の状態を「知ること」といった一つの側面として考えられることである。視線は外界と心をつなぐものであり，「見ること」と「知ること」の関係が他者の心的状態の理解につながるものである。

　人間は生後間もない頃から，視覚的に人の顔と他のものを区別することが可能であったり，初期のコミュニケーション手段ともいえたりする情報伝達方法としても，共同注視や追視などといった知覚的行為がなされるようになるように，「見る」「聞く」といったこれら知覚的能力は，生得的に持ち合わせている。幼児期になると日常生活においても社会的な相互作用における「見る」「聞く」などの知覚的な経験を繰り返している。「見ること」と「知ること」の理解である適切な情報アクセスが可能になるのはいつからかについて，Wimmer, et al. (1988) は，箱の中を「見た人」と「見ない人」では，どちらがその中身を「知っているか」という質問を子どもにした。その結果，4歳未満の子どもたちには，「見る」といった情報のアクセスと「知る」といった知識の間のつながりについての適切な理解が見られなかった。また，Gopnik &

Graf（1988）は，子どもが箱の中身を「知る」のに，「見る」，「聞く」，「手がかりを受ける」といった異なる3つの手段があり，箱の中身を「知った」のはどの手段の結果であったか，という自己の知識の源（source）を符号化することができるかを質問する研究を行った。その結果，4歳児未満は情報アクセスと知識の間のつながりについての洞察がほとんどできなかった。

　したがって，「見る」といった知覚的情報アクセスを理解するプロセスを考えてみると，その始まりは生後間もなくあらわれる選好注視（preference looking），そして追視や共同注視と考えられる。選好注視，追視や共同注視といった行為を繰り返すことによって，外的対象と内的状態との関係の理解が次第とより可能になって，充分に近づいていくと考えられる。その後，ふりあそびや社会的参照行動のように他者との関わり合いの中でも，知覚経験を再び繰り返すことによって他者の表情や情動や行動を認識していく。このようなプロセスにおいて，「見ること」と「知ること」の関係の理解ができるようになると考えられる。それは，自己と他者との異なる心の存在を踏まえた「心の理論」形成へとつながると推測でき，社会の中での知覚の経験と「心の理論」形成にもつながる関係が成り立つと考えられる。発達のある一定の時期に，自分が見て知ったこと（表象）を直ちに行為として外在化してしまう傾向の発達も重要である。発達年齢の上昇と共に，知ったことをすぐに行為する傾向は減少して，年長児になると言葉で「知っている」，「知らない」といい，知ったことをすぐに行為する傾向は減少する。心的状態に言及できるようになる過程において，表象を保持しているか否か自体に言及できる発達的プロセスの存在を明らかにすることが重要である（cf., 瀬野・加藤, 2007）。知覚・表象・行為の3つの関係（Frith, 1992; Leslie, 1987; Vygotsky, 1967）をめぐる問題は，認知発達のプロセスを考えるうえで重要視されている。

第 3 章

他者はどのように
見ているのか
：空間的視点取得

　空間は，私たちの生活と密接にかかわるものであり，空間的世界を理解することで，物体や場所の相対的位置を把握している。そこで生じる空間の表象は，脳内で視覚的・触覚的情報や運動感覚などが組織化して形成されている。こうした物体や場所のイメージ化や認識のプロセスについての発達や空間認識のメカニズムに関する研究は，認知心理学・発達心理学などの分野で進展し，空間的世界の理解の知識は，教育や臨床の分野にも役立てられてきている。

第1節　子どもの空間的世界の発達

　ピアジェの認知発達理論は，子どもの認知的成長の発達段階を示すための確立された枠組みである。子どもたちがどのように自分の身体を使って世界と関わり，理解し，独自の経験から知識を構築していくかを詳細に記述している。子どもの認知発達の進行を解明する過程で，身体的依存など身体と認知の密接な相互作用的関係についても基礎においている。

　Piaget（1926）は，子どもは考えや夢のような心的現象の理解をしていることを研究し，6歳以前の幼児においては，考えや夢のような心的存在と物理的なモノを区別しないとした。そして，子どもの他者理解研究の端緒を開いたといわれるPiaget & Inhelder（1948）では，幼児期には他者の視点取得が困難で，自分からの「見え（point of view）」を応えてしまうという発達的特徴を発達の過程に位置づけている。この特徴は自己中心性（egocentrism）と呼ばれ，4段階あるとした思考の発達段階の2段階目の前操作期に現れるとしている。ピアジェは，4歳頃までは，他者の「見え」を尋ねても何を聞かれているのか分からないが，やがて，部分的な理解に基づいたような反応を示すものの，その後に，他者の視点を問われてもすべて自己の視点からのみ応えるという時期が現れるとしている。Piaget & Inhelder（1948）の「3つの山の問題」に代表される子どもの空間的視点の獲得に関する描写や，自己中心主義の概念は，子どもの空間的知識と推論能力が発達の過程で徐々に成熟していく様子を理解するための基礎的な枠組みとなっている。この文脈の中で，とくに空間理

解に関連して，子どもの認知発達を評価することの重要性を論じている。この評価とは，年齢に応じた課題，観察，そして子どもの成長を支援するために計画された的を絞った介入によって達成されている。こうしたピアジェの理論モデルは，その後の研究によって新たな理論やアプローチの出現につながり，ピアジェ理論は新しい課題に直面してきた。これらの進歩はピアジェのオリジナルの枠組みと統合され，最終的に子どもたちの空間世界の理解を進展させてきている。さらに，この統合は，認知発達における個人差や文化的格差を明らかにしている。今後，ピアジェ理論をグランドセオリーとする一方，さらなる学際的研究によって，新たな科学的解明の視点が出現することも期待される。

第1項　ピアジェの臨床的実験法

　ピアジェは，子どもの発達を知るために，複数の方法による研究を計画して実施している。

「臨床的面接法」：ピアジェは，子どもたちと自由形式で，かつ，詳細な面接を
　　行っている。面接は，子どもがどのように考え，推論し，問題を解決するか
　　を理解することである。子どもたちの思考プロセスを探るために，仮説を立
　　て子どもの反応に応じて質問を構成している。
「自然観察法」：家庭や学校などの自然な環境で子どもたちを観察し，行動や相
　　互作用に関するデータを収集して，子どもの認知発達のパターンと傾向を特
　　定するのに役立てられている。
「実験」：子どもの認知発達の特定の側面を調査するために，統制された実験を
　　計画し，物体の永続性，保存，空間的認知に関する実験を行っている。
「縦断的研究」：特定の個人や共通の特徴を有するグループに対して，継続的な
　　観察することで，子どもの認知発達についての縦断的研究を行っている。

第2項　ピアジェの認知発達理論

　ピアジェの認知発達理論は，心理学に最も影響を与えた貢献の一つとされている。Piaget（1963, 1966）は，認識の構造を論じるとき，その不変的機能としての同化（assimilation），調節（accommodation），体制化（organization），そして認識の道具としてのシェマと操作の働き，その背後にある行為を重視している。また，表象段階に普遍的に見られるものとして，感覚運動期（0〜2歳頃まで），前操作期（2歳から7歳頃），具体的操作期（7歳頃から11歳頃），形式的操作期（11歳頃以上）の4つの大きな段階をあげている。

①感覚運動期（誕生から2歳まで）：乳幼児は主に感覚と運動・動作・行動を通して世界と相互作用する。対象永続性（対象が視界から外れても存在し続けるという理解）の発達や，目標に向けた行動をとる能力があげられる。

②前操作期（2〜7歳）：子どもは言語を発達させ，物や出来事を記号（言葉や絵など）で表現する能力を身につける。自己中心性を示し，他者が自分と同じように世界を見ていると思い込むことが多い。保存の概念に欠け，物体の特定の性質が，外見が変わっても変わらないことを理解していないことがある。

③具体的操作期（7〜11歳）：保存性（外見が変わっても物体の量や性質が一定であるという考え方）を理解し，可逆的な暗算（簡単な足し算や引き算など）ができるようになる。しかし，思考は具体的で現実的な状況に根ざしており，抽象的な思考は限られている。

④形式的操作期（11歳頃以上）：抽象的思考や仮説的思考が発達し，抽象的な概念について論理的に考え，演繹的推論を行い，仮定の状況を考えることができる。具体的で観察可能な現象を超え複雑な問題を解決することができる。

　ピアジェの認知発達理論は，子どもの典型的な認知発達を理解するための貴重な枠組みを提供している。ピアジェの理論のいくつかの側面は，時とともに批判され，たとえば，個人差や，文化や教育が認知発達に与える影響を考慮した研究が行われて洗練されてきたが，彼の研究は，子どもがどのように成長

し，学習するかを理解するための基礎的な枠組みであり続けている。

　同化，適応，平衡化，適応とスキーマ，これらの概念は，ピアジェの認知発達理論の基本的概念であり，個人がどのように学習し，環境に適応し，認知構造を発達させるかを説明するために協働している。

①スキーマ（Schema）：認知発達の構成要素で，さまざまな概念，対象，またはカテゴリーに対する個人の理解を表す心理的構造または枠組みをいい，経験と知識を蓄積するにつれて，より複雑になり，洗練されていく。たとえば，子どもは「いぬ」に対するスキーマを持っており，そこにはいぬがどのような外見で，どのような鳴き声で，どのような行動をとるかについての情報が含まれている。新しいことを学び経験するにつれてスキーマはより複雑になり，洗練されていく。

②同化：既存のスキーマと新しい情報を既存の心理的構造に「適合」させ，認知の安定性と一貫性を維持する。

③調節：新しい情報や経験が既存のスキーマと一致しない場合に新しい情報に対応するためにスキーマを修正したり，新しいスキーマを作ったりして調節しなければならない。自分の認知構造をより外界に合うように調整するプロセスで，認知の成長と新しい知識の取り込みが可能になる。

④均衡化：同化と調節の間のダイナミックな相互作用が含まれる認知発達を促す包括的なプロセスになる。均衡を崩すような新しい情報に遭遇すると不均衡状態に陥り，認知的葛藤が生じる。同化と調節の間のバランスを求め続けるプロセスである。

　これらの①～④の概念の関係は，循環的でダイナミックなプロセスとされる。どのように環境と相互作用し，環境に適応し心的表象を構築し，世界の理解を深めていくかを説明するものである。

　子どもにおける心の理解についての研究は，考えや夢のような心的現象の理解を研究したピアジェによって始められた。4歳から12歳の子どもに対し，「夢はどこから来るのか？」「人はどこで考えるのか？」などといった質問を面接の中で行った。6歳以前の子どもの思考の特徴を説明するのに，「実在論（心的存在と物理的な物とは区別できない）」，「汎心論（物理的存在にも心的特性

がある）」，「自己中心性（主観性も客観性ももたない子どもの思考的特徴）」という3つの概念を提出した。幼児は心的現象を物理的実態であるかのようにみなし，心的存在は物理的世界の特性があると考え（「実念論」），反対に物理的存在には心的な特性があると考えるという逆の誤りをし（「汎心論」），このような子どもの思考特徴を説明し得るのが「自己中心性」であるとした。

第3項　子どもの空間的視点取得課題

　Piaget（1955）は，「空間表象の本質が，行為の協応と内化に基づく操作の連続体にある」と述べて，空間関係を構成する諸対象への子ども自身の働きかけに発達の主導的要因を求めている。表象は物理的空間の属性を反映する知覚的な空間経験の積み重ねから生まれるのではなく，主体が空間内の対象に対して行った行為（action）を組織化することによって初めて形成される。Piaget（1956）は，空間表象（space representation）という言葉を，抽象的な「空間についての思考や概念」の意味で使い，空間知覚（space perception）と区別している。

　Piaget（1963）は研究の後期に至り，2つの経験，物理的経験と論理数学的経験の区別に対応する，2つの認識の側面，形象的側面（aspect figuratif）と操作的側面（aspect operatif）を区別した。操作的側面は自律的に，形象的側面は操作的側面に従属して発達するとして，心的平面の行為である操作を重視している。まず，空間操作とは，形象的側面から切り離し得ない操作である。たとえば，数の操作は具体物のイメージを離れて可能だが，幾何学的操作は特定の図形から切り離し得ない操作である。ピアジェが概念や観念という用語よりも，「表象」という語を用いたことからもわかるように，空間認識は，操作的であると同時に形象的な性質も併せもっている。

　空間表象が構成されていく過程に関して，Piaget（1948）は，空間関係のはっきりした幾何学図形の手本を子どもに模写させる方法によって，3つの発達段階があることを主張した。初めの位相的空間（l'espace topologique）表象段階は，4歳ぐらいまでで，対象の関係を接近，分離，包摂，連続などの位相

的観点でしか捉えていない。4歳ぐらいから9，10歳ぐらいまでとされる，つぎの射影的空間（l'espace projectif）表象段階では，複数の対象の空間関係をある特定の視点に結びつけて捉えることができ，異なる視点からの見え方の差が理解できるようになってくる。ただし，複数の視点間の変換は容易ではなく，計量的関係として捉えることはできない。そして，ユークリッド的空間（l'espace Euclidien）表象段階に至るのは，およそ7，8歳以降で，3次元の直交する座標軸の中に対象が位置づけられるようになり，計量可能なユークリッド的性質を有している空間の世界を迎えて，距離，大きさ，角度，平行などの概念の獲得と水平－垂直の関係枠の成立が行われる。

　さらに，Piaget & Inhelder（1948）は，子どもの空間表象の発達過程において生じる重要な特徴を「3つの山問題（※（5）3つの山問題で説明）」と呼ばれる空間的視点取得課題を用いて示す。子どもは，課題の教示を理解し始め，正答も見られるが誤答が多い時期から，一旦，自己視点を一様に答える（一貫して同一の誤答を示す）「自己中心的反応（自己の視点からの「見え」ばかりを自信をもって答える）」を示す時期を経て，その後，脱中心化（他者の視点からの「見え」について正答するようになる）の発達的変化を示す。このとき開発されて用いられた「3つの山問題」と呼ばれる空間的視点取得課題は，現在でも教育心理学，発達心理学などの教科書においてもよく紹介されているほど有名な課題である。その課題で幼児は他者の視点を取得することができず，自己の視点に中心化することが，自己中心性（egocentrism）という認知的特徴を示している。一方，その後，たとえば，乳幼児でも他者の視点を取ることができることを示した数多くの批判研究も誕生している（小沢，2024）。

　しかし，それは，「30年前，1980年代も半ば過ぎ，すでにPiaget批判の大合唱が定着した時代にあって，そうした批判の大多数がPiaget理論の依拠する研究手法やデータへの十分な検討を経ていない（小島，2018）」とあるように，研究手法やデータへの十分な検討を経ていないことが論じられている。そこで，ここでは，一般に教科書などでは簡略化して記述されている3つの山問題について確認しておきたい（小沢，2024）。

　※　英語圏の著作物等では，実験としての呼称では，3つの山の問題として，「the

three-mountain problem」と表記（ハイフンの有無を含む）され，課題それ自体を論述する際には，3つの山（を材料として使用した）課題として，「the three mountains task（もしくは，test）」として表記されることが多い。日本語訳は，日本で初めて追試的研究を実施した田中（1968）に倣い，「3つの山問題」のように"の"を入れて訳されているものが多い（子安, 1999）。ここでも，国内の文献等で用いられることが多い「3つの山問題」として表記したい。

第4項 「3つの山問題（Piaget & Inhelder, 1948）」

「3つの山問題（Piaget & Inhelder, 1948）」は，相手の見ている世界を正しく推測することについて3つの山の模型を用いた課題である。その実験手続きと結果の概略はつぎのようであった（小沢, 2024）。

調査参加者の子どもは100人（4歳〜6歳6ヶ月児；21人。6歳7ヶ月〜7歳児；30人。8歳〜9歳6ヶ月児；33人，9歳7ヶ月〜12歳児；16人）。ボール紙製の大きさが異なる3つの山のモデル（20〜30cm）が，1m四方の中に置かれ，「見え」方の違いが顕著になるように配置される。子どもの座る位置（正位置）からの「見え」は，右前の山が一番低く，緑色で頂上に小さい家がある山のモデルとされる。その左にややそれより高く大きい茶色で頂上に赤い十字架が立っている山のモデルがあり，それらの奥のやや右寄りに一番高く大きい灰色で上のほうは白い雪で覆われる山のモデルが配置される。子どもが他者の視点と見たてる（自己とは別の）観察者である代理の「視点」（ここでは，以後，これを代理「視点」〈alternative point of view〉と呼ぶ）として木製の人形（2〜3cm）を用いられる。この人形は視線の問題を排除するために意図的に顔が描かれていない（なお，多くの追試的研究では人形，ぬいぐるみ，人間やマーカーなどが用いられた）。子どもは初めの位置（正位置）を含んだ4方向，あるいは8方向からの「見え」を求められる。4方向とは，子どもの位置（正位置）を0°地点として，反時計回りに90°，180°，270°の地点である。これをA，B，C，D地点と呼ぶ。8方向とは，その4方向にそれぞれの中間の地点，45°地点，135°地点，225°地点，315°地点である（これをAB，BC，CD，DAと呼ぶ）。

　子どもからの応答として，「見え」を求める方法は3種類あった。構成法，カード選択法，地点選択法と呼ばれている。（1）構成法：子どもが座る最初の位置から，各方向から「見え」るように配置された山のモデルと同じ3つのモデルを再構成させる方法であった。（2）カード選択法：さまざまな3つの山の「見え」を描いた絵のカード（20×28cm）10枚から，人形の位置からの「見え」を表す1枚を選択させる方法であった。（3）地点選択法：子どもに絵を1枚選ばせた後，同じ風景が「見え」るように人形を置く地点を選択させる方法であった。結果は，典型的な反応のプロトコルを列挙していく方法がとられた。プロトコルによるデータ分析は，見ることのできない思考の過程を明らかにしようとするものである。調査参加者が，何かをする際に頭に浮かんだこと（問題解決の過程で考えたこと，感じたことなど）を口に出し（口頭で報告させ），その結果得られたプロトコルデータを認知過程解明のために分析する方法として今日も用いられている研究手法である。子どもが口に出した思考の記録（沈黙や言いよどみなどの行動記録も含む）をプロトコルと呼ぶ。その反応は3つの段階によって大別された。年齢と内容による段階Ⅰ（4歳未満），段階Ⅱ（4～7歳），段階Ⅲ（7～12歳）と，段階の内容により設けられた下位段階A，Bである。段階Ⅰの子どもは問題の意味を理解しなかったため結果の説明は，段階ⅡAから始まっている。段階ⅡAは，自己の視点からの「見え」の再生が多い。段階ⅡBでは，他者の視点を区別することを試みるが，目立つ特徴に左右されるなど正しい「見え」を取得できない。段階ⅢAでは，前後左右の関係に注意を向け，時折は成功する。段階ⅢBでは，視点の協応が可能になり正しく答えられるようになる。反応方法の比較では，構成法が他のカード選択法，地点選択法の2つよりも早い時期に理解されるようになる。構成法では，他の2つの方法に比べて，自分自身で3つの山のそれぞれのモデル間の関係を確認したりして，3つ山の空間的な関係を構成して回答することができることがある。同時に，子ども自身が回答状況に積極的な動きを投じている。

第2節　幼児期の視点取りの影響要因

　空間的世界の理解の発達について論じたピアジェの代表的研究である「3つの山問題（Piaget & Inhelder, 1948）」について，その後，数多くの追試的批判研究が多く行われた。そこでは，幼児がそのような視点取得の発達的特徴をもつならば，幼児の視点取得の規定している要因は何なのか，さらに，本当に低年齢の幼児は他者の視点を取得できないのかという二点が大きな問いとしてあげられるだろう。その際，ピアジェの研究的視点とずれがあると思われるのは，批判研究の主張の多くは正誤反応の結果をもとにして，より早期の他者視点取得の発達を論じていることである。Piaget & Inhelder（1948）ではプロトコル分析が用いられており，その思考の発達過程の特徴が導き出されている。

　空間の基本的な概念の理解の発達では，物体の存在や移動を観察する位相的段階から，幼児期になると頭の中で空間表象を操作できるようになる段階へと移行する。射影的段階は，空間的思考と抽象的表現能力が発展する重要な時期であり，その後の認知発達の基盤となる。この段階では，Borke（1975）の課題方略のように，子どもの反応様式を「何が『見え』ているか（フラベルの第2水準）」にすることで，他者の見ている風景を選択することが容易になると考えられる。

　自己中心性という概念は，Piaget（1924）が子どもの言語や思考の特徴を記述する用語として用いられた。その後も，今日まで自己中心性という用語は用いられている。しかし，ピアジェ自身は，自己中心性という表現について説明を重ねている。「自己中心性とは主体とその外界との未分化によって特徴づけられる効果のこと（Piaget, 1946）」，「自分を意識しないことを当然としており，言い換えれば主客が未分化な状態のこと（Piaget, 1959）」のようにして説明を重ねている。その後，誤解を招くとして，ピアジェ自身は，"egocentrism（自己中心性）"という呼び方はもはや行わないとしている（Piaget & Inhelder, 1966）。

第1項　代理「視点」と身体的向きの影響

　他者の視点は，Piaget & Inhelder（1948）では代理「視点」とされる他者の地点を示すものであった。その後，Fehr（1979）は，児童期の子どもであっても人間の視点ではなく人形を用いることによって生じる視点の仮説性には，代理「視点」とすることの困難さがあることについて説明している。人間ならば，視線から意図性や動作性を感じることができる。そのため，人間の視線が有する性質をもっている「視点」が課題の正答率を高めていることが考えられる。つまり，意図性や動作性が，子どもが他者の視点を「他者」として認知できる重要な要素であることを指している。これらは，幼児にとっての課題内容の熟知性，具体性の向上が，正反応を引き上げる（大森, 1985）こと，また，子どもと子ども自身の周囲との関係性が影響する（鈴木, 1993）ことを否定しておらず，むしろ，両者の間には関連性があると考えられる。加えて，物語化の導入の効果が一定しない（藤本, 1989）ことからは，既有知識の影響や，言語的情報処理の発達差との関連も考えられる。

　身体の向きが認知過程に及ぼす影響を理解することについては，発達心理学，認知心理学，神経科学などの諸分野でも重視されている。身体と空間環境との相互作用が知覚，記憶，空間認知などの認知機能に及ぼす影響を理解するのに役立つため，空間情報が記憶にエンコードされる過程で身体の向きと密接に結びついている。幼児の空間認知の発達については，すでに，20世紀前半に，Emerson（1931）が身体の向きの影響を考慮することが重要であることが示唆している。子どもが空間的情報を得て行為するには，身体の向きに注意を払うことが重要な役割を果たすことを考慮すべきであることが考えられる。たとえば，充分につぎの発達段階に移行していないとき，年齢で期待されるよりも前の発達段階にいるときで，年齢相応の段階への移行過程では身体性の発達との関連も重視される要素の一つとなるといえる。

第2項　空間的理解と2つの手がかり——対象への接近と指向【研究1】

　子どもは，成長するにつれて外部の空間に関心を向け，身体中心的な表象から外部の視点や立場から物体や場所を認識するようになる。視覚的な情報や触覚情報，運動感覚などを通じて外部の空間を理解し，物体や場所の関係性を内部的にイメージ化するため，経験や学習を伴う言語の発達，視覚的な注意の発達などが関係している。さらに，他者とのコミュニケーション，小集団などでの活動を通じて，他人の視点や立場を考慮しながら空間的情報を共有するようになっていく。

〈自己身体的空間表象への依存から，外部空間表象の理解へ〉

　子どもの認知能力や社会的相互作用の発達と，学習や日常生活の場面における成長・発達は，密接に関連している。

1. 自己身体を使って物体や環境と相互作用することでの空間的関係の学習（とくに幼い子どもは自分の手で物体を摑んだり，移動させたりすることで，物体の位置や重さ，形状などの特性を理解していく）。

2. 空間関係の問題解決型の遊びや作業における空間的思考の学習（パズルでの遊び，建物や道路の模型の制作は，物体の配置や関係を理解して，問題を論理的に解決する能力の発達に影響する）。

3. 物理的位置関係に自分を位置づける学習（自己周囲の環境を認識し，場所や道順を理解して新しい場所を探索したりする）。

　その他，子どもの空間的関係の体験と学習は，日常生活における行動形成に重要な役割を果たす。

【研究1】
4，5，6歳児の空間的視点取得と手がかり提示

目 的

　Piaget & Inhelder（1948）の3つの山問題型の課題では，対象（たとえば，3つの山のモデル）の周囲を一周したり，代理「視点」の人形やぬいぐるみと親和的な関係性を築いたりすることが，子どもの空間的視点取得に有利に働くことが知られている（岩田, 1974）。また，その反対に，代理「視点」が人形や単純なマーカーであると，視線を把握し，意図を理解することに困難さをもたらしている（Fehr, 1979）。本研究では，幼児の空間的視点取得を促進する働きかけとして，他者となる代理「視点」である人形が視線取得に有利に働く人間の性質に近似するように，「対象に接近する」，「対象を指向している」という2つの手がかりによる訓練を実施することとした。ここでは，2つの手がかり訓練が幼児に影響を与えるかどうか，その発達差はどうかを検討することを目的とした。2つの手がかりが影響を与えるならば，幼児期の空間的理解の発達をより円滑に促すための積極的な介入方法の検討に寄与することことができると考えられる。

　なお，本研究で用いる「手がかり」の仮定は，Baron-Cohen（1995）の「心を読むシステム」のモデルによる意図検出器，視線検出器の考え方を援用している。「心を読むシステム」については，図3-2-1に示す。

仮説
　（1）視点取得課題（Piaget & Inhelder, 1948）では教示が理解できずに失敗するとされる4歳児以下が自己と異なる他者の視点取得の理解に手がかり作用を利用して課題の正答につげるだろう。

　（2）課題に正答することが可能となる5歳児以上において，2つの手がかり（接近：'Route'条件，指向：'Window'条件）が，その課題遂行に作用するだろう。7歳児未満の幼児は，同じように手がかりを利用するだろう。

図3-2-1　心を読むモジュールの発達（Bron-Cohen, 1995; 小沢, 2018より作成）

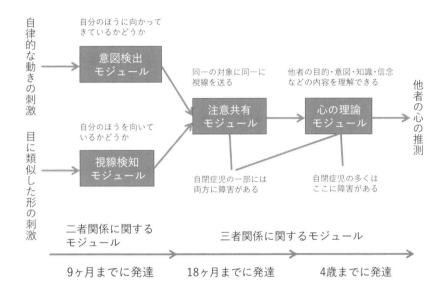

※　内的対象と外的対象の因果関係の理解の発達における関連を分析・考察す
　　るため，課題遂行過程における幼児の行動観察を行う。

実験の方法

　幼児4, 5, 6歳児108人（各36人）が参加した。参加者は，手がかり（手
がかり接近：'Route'，手がかり指向：'Window'，手がかり'なし'を示す，
手がかり'Control'）の3つの条件群に分けられた。そして，プリ・テスト，手
がかり提示による訓練，ポスト・テストに参加した。参加者の反応については，
正答：2点，誤答A（自己中心的反応以外の誤答）：1点，誤答B（自己中心的
反応）：0点とした。参加者は，カード1組（4枚：正位置から反時計回りに，
0°，90°，180°，270°を示すA，B，C，Dの4地点の方向から「見え」を撮っ
たカラー写真）から1枚のカードを選択して回答した。

対象の配置

・3つの対象を配置した課題は，Piaget & Inhelder（1948）の3つの山問題と
同型の課題を用いた。

・対象（3つのボール）：大中小の色の異なる市販カラーボールが，各地点（A，
B，C，D）からの「見え」方の違いが顕著になるように配置した。

・代理「視点」：市販の動物のぬいぐるみ（うさぎ）が置かれた地点を他者視
点とした。
対象と代理「視点」は，正方形のテーブルクロスの上に置かれた。

発達臨床的手がかり

・手がかり 'Route'：橋と見たてた白い厚紙でつくられた細長い直方体をボー
ルと代理「視点」をつなぐよう布置された

・手がかり 'Window'：窓型の枠（横長の）を窓と見たて，ボールと代理「視
点」の中間に布置された。

課題

　調査参加者は，テーブル中央に置かれた対象（青・ピンク・黄色3つのカラー
ボールを各方位からの「見え」方の違いが顕著になるように配置）のA, B,
C, D（調査参加者位置から反時計回りに，0°，90°，180°，270°の地点）4地

図3-2-2　空間的視点取得課題イメージ図および材料

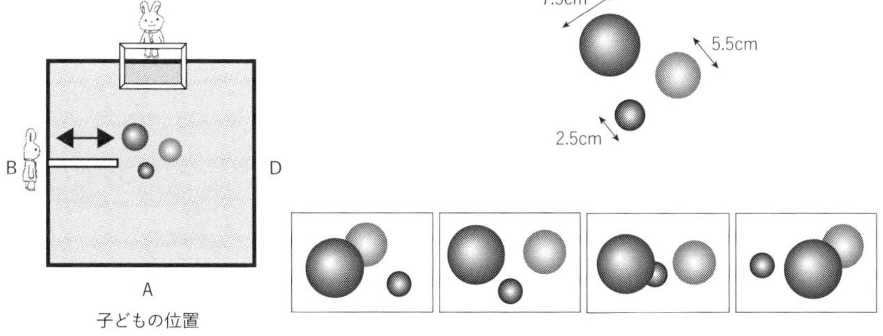

点からの他者視点（動物のぬいぐるみ）の「見え」をランダムに求められた。カード1組（4枚：A，B，C，D地点からの「見え」の写真）をランダムに提示され試行ごとに1枚を選択することを求められた。ポスト・テストの後にはカードを選んだ理由を尋ねられた。実験は個別に行われた。〔手順〕：プリ・テスト（A，B，C，D：4地点×1回），手がかり提示の試行（A，B，C，D：4地点×2回），ポスト・テスト（A，B，C，D：4地点×1回）。2種の手がかり：空間情報への知覚的アクセスを促すように考えて工夫した。手がかり 'Route' は他者の「見え」と自己の視点の協応を促すように，手がかり 'Window' は他者の「見え」の方位を明らかにして自己視点との弁別を促すようにした。

〔手続き〕：実験者は子どもを遊びに誘い，一緒に入室して，親和的な状況をつくり，協力への可否を確認する。実験者の左横となるAの位置に着席する。動物のぬいぐるみと，自己紹介などの挨拶のやりとりを通して場面に対する緊張感・不安感を低減する。プリ・テストは，初めに他者視点（代理「視点」）がAの位置（調査参加者の前）で正答ができるかどうかを確認して行う。このときに限り，一度で正答できない場合「そうかしら」「よく見てね」などの言葉かけをして正答を促す（実際にそれでも答えられない者はいなかった）。

初めのプリ・テスト（A，B，C，D地点，各1試行）後，手がかり2群では各々の手がかりを提示し，課題（A，B，C，D各地点，ランダムに1試行）を2試行（各地点計2試行）行い最後にポスト・テスト（各地点ランダムに各1試行）を行った。プリ・テストは，どの群も手がかりなし，課題（1，2試行目）は，'Route' 群と 'Window' 群は各々の手がかりを提示，ポスト・テストはプリ・テストと同様にどの群も手がかりなしで行った。

〔手がかりと教示〕：手がかり 'Route'（接近）群では，「ここに，橋ができました。うさぎさんは，この橋をまっすぐ歩いていくとボールのところまでいけますよ」といい，橋に見たてた細長い直方体の上のうさぎを対象（3つのボール）近くの橋の先端まで移動させた後，初めの位置に戻し，カードを選ぶように求めた。この操作はどの地点でも行った。手がかり 'Window'（指向）群では，「ここに窓ができました。うさぎさんは，窓からボールを見ることが

できますね。うさぎさんが窓から見ているように見えますか」といい，「うん」または頷くなど調査参加者の反応を確認した後，カードを選ぶよう求めた。他者視点の配置はランダムに行った。答える際，カード選択のための動作は用いないように説明した。

行動観察

（1）自己の視点取り行動（迷う：あり／なし）：自己視点からの「見え」の獲得は迷いあり／なしの2水準にした。「迷いなし」：1回目の教示後，すぐに正答のカードを選択した場合とした。「迷いあり」：1回の教示で理解できない場合とした。

　（例）①別のカードを選んだ。②直接にボールを指さしした。③カードを選ぶのに迷う（e.g., 複数のカードに指さしを繰り返す。首を傾けたり，複数のカードに目をやってあれこれと見比べる）。④自発的にカードを選択しない（e.g., 実験者の顔をのぞき見る，うさぎの話をする，何をしていいのかわからない）。

（2）指さし行動（出現：なし／あり）：内田（2002）によれば，指さしの出現は乳児の世界の捉え方が質的に変化した兆候になる。外界の「もの」と「自分」との「二項関係」ができ，さらに生後9ヶ月頃から，それを意味づけ，それに働きかける他者がいることに気づくようになり，「自分－もの－他者」の「三項関係」が成立するようになる。そこで，行動観察において，内的表象と外的表象との関係性の変化の一つの指標として指さし行動に着目し，指さし行動（出現：なし／あり）の2水準を設定した。「指さし行動なし」：指さし行動が出現しなかった。「指さし行動あり」：指さし行動が出現した。

表3-2-1　指さし行動の出現例

①カードを選ぶ際に写真の特定のボールを示すような言葉とともに指さす。たとえば，「あおっ！」などと言いながら，特定のボール（写真）を指さす。
②直接ボールを指さした。たとえば，「このボール！」と言いながらボー

ルを指す。

③カード選択の際,「これ,大きい」と言ってボールの大きさについて指す。

④カードを選ぶ際,ボール同士の位置関係を確かめるようにしてボールを指さす。たとえば「これが後ろだから」と言いながら,重なりを確かめるように指す。

⑤カードを選ぶ際に,他者の視線の方向をなぞるようにして,指さし行動を行う。たとえば,「反対側からだから」と言い,反対側の180°地点方向から,0°の位置である自分に向かって指を動かす。

理由づけ

　子どもは,ありのままの空間情報を獲得するわけではなく,自己との空間関係を調整してその空間がわかる,知るということができる。さらに,自己にとって意味がある情報をより含むように情報を調整している。そこで,ポスト・テスト後,「○○ちゃん（調査参加者の名前）は,どのようにしてカードを選んだのか,そのわけを答えてください」と質問した。発達的に捉えて,どの点に着目して他者の「見え」を理解しようとしたかについて,カードを選んだ理由と応答の内容を,①因果関係的反応,②知覚的反応,および,③その他の反応の3つに分類した。

表3-2-2　理由づけの例

①因果関係的反応（教示した空間関係について言及した反応）

　　（例）対象の位置関係,他者の視線・視点

②知覚的反応（対象の知覚的な特徴について言及した反応）

　　（例）対象の色・形

③その他の反応（空間の関係にも対象の知覚的な特徴にも言及しないもの）

　　（例）「4歳だから」「見てるから」

　　以上の評価基準に基づき「自由回答」の分類は2人の評価者で行った（2人一致が86.7%。不一致のケースは評価者間の協議により一致させた）。

結果と考察

1. 手がかり提示による訓練効果

　視点取得課題の遂行成績のそれぞれの結果を図3-2-3に示す。幼児期の子ども4，5，6歳児の視点取得課題における視線（接近）や意図（指向）の代替的役割を想定して設定した手がかり（‘Route’，‘Window’）提示の効果を検討した。3要因の分散分析，年齢3群（4，5，6歳児）×手がかり3群（手がかり‘Route’，手がかり‘Window’，手がかりなし‘Control’）×テスト期（プリ・テスト／ポスト・テスト）の結果，年齢と手がかりとテスト期の交互作用が有意だった（$F(4, 99) = 3.50$，$p < 0.01$）。また，テスト期の主効果が有意だった（$F(1, 99) = 7.11$，$p < 0.01$）。下位検定でテスト期のポスト・テストにおける年齢×手がかりの交互作用が有意であり（$F(4, 99) = 3.08$，$p < 0.05$），その手

図3-2-3　空間的視点取得課題の年齢別／手がかり別平均点

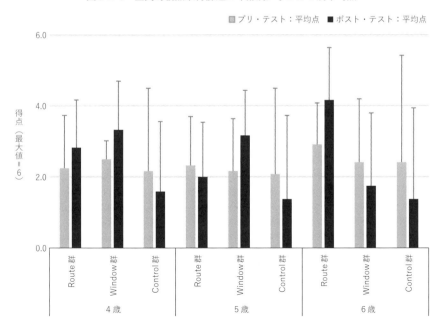

がかり'Route'と手がかり'Window'のみの単純主効果が，それぞれ有意だった（$F(2, 99) = 6.822$，$p < 0.01$，$F(2, 99) = 3.544$，$p < 0.05$）。

　仮説（1）は，知覚的情報アクセスの手がかり提示が，教示が理解できずに失敗するとされる4歳児以下が自己と異なる他者の視点取得の理解や正答につながるかである。ポスト・テストにおける年齢と手がかりの交互作用と，ポスト・テストの平均得点の変化からは，手がかり提示の2つは識別されることなく作用したと考えられる。仮説（2）は，課題に正答することが可能となる5歳児以上について，2つの手がかりは課題遂行に作用するか，7歳児未満の幼児は同じように手がかりを利用するかであった。ポスト・テストにおける年齢と手がかりの交互作用からみると，5，6歳児とも2つの手がかり提示による訓練の影響は，それぞれに考えられる。5歳児では手がかり'Window'（指向），6歳児では手がかり'Route'（接近）において視点取得に作用する影響を及ぼしたと考えられる。したがって，7歳児未満の幼児の発達差としては，4歳児では，2つの手がかりが同様に視覚的な強調として課題遂行に作用し，教示内容の理解は難しかったが，知覚的に作用したことが考えられる。5歳児には，手がかり'Window'のような空間情報の参照枠の設定が視線の方向づけの訓練効果に影響したものと考えられる。6歳児には，手がかり'Route'という接近動作によって，6歳児の他者の見えの方向を明らかにするよう作用したと考えられる。興味深いのは，幼児期の目覚ましい認知的発達期では，効果的と考えられる手がかりの性質が，発達年齢段階ごとで変化しているということである。

２．行動観察について

（1）自己からの「見え」の獲得（迷う：あり／なし）

　4歳児では，半数近く（42%）に迷う行動があるが，5歳児になると，迷う行動は減少してくる（28%）。その後，6歳児（19%）になると多くが，迷うような行動を見せることなく，自己の「見え」を答えることができた。年齢（4，5，6歳）×自己の視点取り行動（迷いなし／あり）のχ^2検定を行った結

果，有意傾向だった（$\chi^2(22)=4.71$, $p<0.1$）。年齢により正答につなげられていくことが示唆されるが，教示理解にかかわる言語発達についての個人差も影響していると考えられる。課題についての質問（e.g.,「何がわかるの」），あるいは位置関係の細部についての質問（e.g.,「これは写真，どうやって撮ったの」）など，課題要求以外の関心に注意が向けられるなどは，実行機能の発達との関係も考えられる。

（2）指さし行動（出現：なし／あり）

　子どもは，生後9ヶ月頃から，「自分−もの−他者」の「三項関係」が成立するようになるといわれるように，指さし行動の出現は，他者が注意を向けた対象物が他者の心的状態を構成する要素となりうる。そこで，4, 5, 6歳児における指さし行動の出現の頻度から，その発達差を検討した。年齢（4, 5, 6歳）×指さし行動（あり／なし）のχ^2検定を行った結果，有意だった（$\chi^2(22)=6.91$, $p<0.05$）。残差分析では，4歳の「なし」群が有意に少なく（$p<0.05$），6歳「なし」群が有意に多かった（$p<0.05$）。発達差による年齢要因の影響が示される。年少児にとって，容易ではないが，指さし行動を用いることで成功へつなげようと努力していることが考察される。4, 5歳児の段階では，抽象的な思考の発達の過程で，自発的に自己身体を用いるという，よりプリミティブなレベルにおける方法で，問題を解決しようとしていることが考えられる。

（3）理由づけ（①因果関係的反応，②知覚的反応，③その他の反応）

　理由づけを3つに分類した（分類基準は，方法を参照）。年齢（4, 5, 6歳）×理由づけの分類（因果関係的反応，知覚的反応，その他の反応）のχ^2検定を行った結果，頻度の偏りは有意だった（$\chi^2(24)=32.43$, $p<0.01$）。残差分析では，4歳児は，「その他の反応」の残差がプラスに有意（4.8, $p<0.01$），「因果関係的反応」がマイナスに有意（-3.7, $p<0.01$）だった。5歳児は，「その他の反応」の残差が，マイナスに有意（-2.2, $p<0.05$），「知覚的反応」がプラスに有意傾向（1.9, $p<0.1$）だった。6歳では，「因果関係的反応」の残差がプラスに有意（3.5, $p<0.01$），「その他の反応」がマイナスに有意（-2.6,

図3-2-4　理由づけ質問の反応

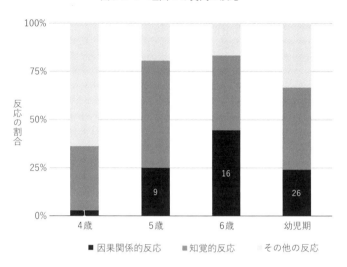

図3-2-5　自己の視点取りの反応

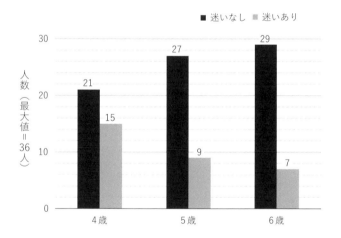

図3-2-6　指さし行動の出現

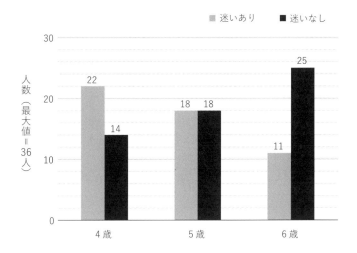

p＜0.01）だった。これらの結果から，4歳児から5歳児になるプロセスでは，それまでの直観的な推理・判断が減少し現在何が「見え」ているか，そのときどきにおける〈知覚体制〉に支配され始めることが考察される。子どもの注意は対象の最も目立った唯一の側面（次元）に集中してしまう（e.g.,「これが，青いから」「これが，大きいから」）。そのため子どもの思考は現象（見かけ）に左右されやすく，現象にさからって〈本質〉をつかむだけの力をまだもっていないことを表すものとなっている。6歳では，「因果関係的反応」の残差がプラスに有意（3.5，p＜0.01），「その他の反応」がマイナスに有意（-2.6，p＜0.01）だった。4歳から5歳頃までは，まだ，見かけに左右されやすく，それにさからって〈本質〉をつかむ力をもつために，「知覚的反応」や「その他の反応」を用いて解答することが多い。指さし行動が出現するように身体性に依存しており，内的表象と外的表象との関係を構造化していく過程にある。また，知覚的束縛による自己の知識を用いている場合も見られる（e.g.,「（3つのボールの配置が）ミッキーマウスに似ているから」）。

まとめ

　幼児期の子どもは，内的表象と外的表象との統合過程にあり，因果関係の理解が容易な問題なら，5歳半過ぎ頃からできるようになる発達過程にある。ここでの結果では，4歳児と5，6歳児の手がかり提示の影響が異なることに反映されていると考えられる。そのため手がかり提示を利用することにも発達差があり，課題遂行の成績の変化と2つの手がかり提示による訓練作用は年齢段階ごとで同じではなかった。4歳児では，手がかり提示の相違が明らかではなく，空間情報のアクセスに作用していたかどうか明確ではないが，同じ状況を繰り返し訓練した手がかり‘Control（統制）’群よりも，積極的で支援を狙いとした手がかり提示が程よい効果を与えることが期待できる。視点の投射が可能になる5歳以降では，ここでの手がかりがある程度機能的に作用したことが示唆されている。5歳児は，手がかり‘Window’によって，単に代理「視点」の動物のぬいぐるみが対象を向いているだけでなく，身体的アングルを強調することで手がかり利用されることがあったのではないかと考えられる。さらに身体的により発達した6歳児では，子ども自身の体性的な軸はより安定してくる。そのため，自己周囲の空間的な関係性の中に対象が異なる実在性をもっていることを知る。手がかり‘Route’による対象接近が，その具体的な位置関係を3次元的な理解を容易にしていることが考えられた。

　Wimmer, et al.（1988）は「心の理論」研究の誤信念課題に見られる4歳頃の変化は，信念内容の内的表象と表象された外的事実の「因果関係の理解」によるものであるとする。Silberstein & Spelke（1995）は，幼児の空間的理解の発達における因果関係の理解の始まりには，4〜5歳の子どもが，直感的にユークリッド段階の最初の4つの公準の主要な関係を理解できることによって示唆されているという（ユークリッドの最初の4つの公準：（例）①2つの点がいつも1つの直線によって結合されることができること，②3つの点は時にはそうされ得ないこと，③多くの異なる直線はある1つの点を通過することができること，④ただ1つの線が2つの異なった点を通過することができること）。これまでの研究で，4〜5歳ではそれぞれの位置を見積もることはで

きないとされてきた。ただし16ヶ月児でも直接的なランドマークを用いないで，1つの大きい長方形の砂箱に隠された対象の位置を符号化することができる（Huttenlocher, et al., 1994）。これは，ユークリッド座標システムというよりも基準点からのアングルや方向を基礎とした放射状基準システムに基づくものと考えられる（Lidster & Bremner, 1999）。3歳半くらいの子どもが，2人の警官の視界のラインから外れているように男の子（1人）のモデルを隠すことができることを発見することは，直交の遠近の協応の証拠として理解されている（Hughes & Donaldson, 1979）。この問題では，見えるか／見えないかで判断でき，位置や距離の置き換えを必要としないので，遠近法に基づくかは明らかではない（Bridges & Rowles, 1985）。したがって，Piaget & Inhelder（1948）がいうユークリッド的空間概念の段階に至る以前には，このように基準点からのアングルや方向を基礎とした放射状基準システムに基づくような理解が主に用いられていると考えられる。それは，Piaget & Inhelder（1948）が水平－垂直の堅固な座標軸を基準としたのに対し，動態的な性質を含み，波状的な性質を含んでいるようなものと考えられる。

　鈴木（1993）は，視点取得課題（Piaget & Inhelder, 1948）とは，一度正反応の「見え」を見たなら再生可能となるものではないことを指摘している。なぜなら，身体性への依存によるところが多い幼児期では，対象布置の「見え」を自己の存在を含み入れた自己周囲の動態的な関係において，空間内に配置された自己－他者－対象のメタ表象の理解を求めることが考えられる。5歳後半から因果推論が可能になってくることに合わせて，年長児の段階になって日々の行動半径も広がってくることが正反応につながると考えることができる。視点取得課題（Piaget & Inhelder, 1948）では視覚的な協応関係システムの手がかりは与えられていない。幼児にビジュアルな協応関係の構成が与えられている課題（e.g., Somervill & Bryant, 1985; Blades & Spencer, 1989）と求めている性質が異なる。Lidster & Bremner（1999）は，このような課題の違いを概念的な空間能力と知覚的な空間能力との違い，構造的な支持がなされていない環境で，構造的な支持が豊かな環境における能力の違いとしている。Piaget & Inhelder（1948）課題では，心的表象の理解において内的表象と外的表象の

因果関係の理解に概念的な思考能力の発達が求められると考えることもできる。本研究の手がかりは，行動観察の (1) 自己の視点取り行動が示した発達差とそのばらつきから，個人差要因が影響することが考えられる。(2) 指さし行動からは，幼児期のどの子どもにとっても知覚的情報アクセスの手がかりとして，自己身体と空間関係を関連づけるような探索的な行動が出現することが重要であると考えられる。(3)「理由づけの分析」では，「因果関係的反応」「知覚的反応」「その他の反応」は，年齢ごとの頻度の偏りが有意であり，残差分析の結果から，6歳児と4歳児では「因果関係的反応」が大幅に異なり，5歳児では「知覚的反応」が目立ち，4歳児では「その他の反応」が有意である。幼児期には，まだ充分に言語化された表象操作はむずかしいが，その発達過程における特色ある方略があることが伺われる。指さし行動に現れるような身体的な動きや，自己の視点取り行動における他者の促し（初回に限り1回で正反応に至らない場合は，「そうかしら」「よく見てね」と声かけをする）などによって，視覚的協応関係システムが働く可能性が考えられる。本研究で，手がかり提示に反応があったと考えられる4歳児には，単純なユークリッド基準系のシステムが出現していることが考察された。その仮定のうえでだが，この時期には緩やかな関係の中で，自己－他者－対象の三者関係を理解しながら，自分たちが知覚したり記憶したりしている環境の対象布置（layout）の情報の部分集合を，その時々に捉えていると考えられる。Baron-Cohen, et al.（1995）によって，発達の初期における人の認知は，知的な学習のための単一で，一般的なシステムを基盤とするものとして現れるのではなく，むしろより，その時々によって，よせ集められた認知システムの集まりを基盤としていると考えられている。このようなシステムのコレクションは，人間の理解力や認知発達を構築していくブロックを埋めていくかもしれない（Cosmides & Tooby, 1994）。したがって，もし空間についての人間の認識が，分離可能な役割が特定されているカプセル化された認知システムの一つの構え（set）から始まるなら，その後の空間認識の発達過程では，その発達段階におけるモジュラー・システムの開放性や適応性との関連が示されるはずである。本研究でも，幼児期から空間的知識の洞察は進められていることが示唆された。二者関係的空

間知識に手がかり提示が適応的に作用することで，幼児期の視点取得においても，三者関係的な構造化に支援的影響をもたらすと考えられる。さらに，因果関係的理解が徐々に進む5，6歳児では，モジュラー・システムの開放性や適応性も徐々に展開されており，手がかり提示の選択によって，適切な介入的支援が行われるものと考えられる。

第 **4** 章

他者はどのように
思っているのか

:「心の理論」

第1節 「心の理論」(「Theory of Mind」) 研究の展開

　他者や自己の心的状態に対する基本的な理解の発達に関して，「心の理論(Theory of Mind)」と呼ばれる，人間を含む動物がどのように他者や自己の心の働きを理解するのかを解明するさまざまな研究が行われている（小川・子安, 2008）。「心の理論」の発達は，一般に幼児期に段階的に起こる。4〜5歳頃になると，子どもは自分とは異なる信念や願望を持つ人がいることを理解し始める。成長するにつれて，他人の精神状態を認識し理解することに習熟していくようになる。現在では，「心の理論」は，発達心理学，社会心理学，神経科学，さらに，人工知能などの分野にわたり，広く研究されている。人間がどのように知覚し，互いに作用し合うかについての知識を深めるために，「心の理論」を理解し，モデル化することは重要な意味がある。

第1項 「心の理論」研究の始まり

　「心の理論」という呼び方は，「Does the chimpanzee have a Theory of Mind?(Premack & Woodruff, 1978)」において初めて用いられた）。一般的に「心の理論」と訳されている（同義語としてmentalizingがあげられる）。ヒトおよびヒト以外の動物が心の理論を持っているかどうかについて調べられるようになった。Premack & Woodruff（1978）は，ある個体が別の他個体に目的，意図，知識などの心的状態を帰属できるとき，その個体はTheory of Mindをもつと定義した。Premack & Woodruff（1978）は，人間がある行動をするが上手くいかない場面をビデオで見せ，その後で正しい解決を示す写真を含む2枚の写真から1枚を選択させるというメスのチンパンジーを被験体とした実験を行い，概ね正答という結果を得ている。そして，本当に人物の「心」を理解した反応かどうかについては，embedded videotape（入れ子構造ビデオ）を用いた実験の提案をしている。「心の理論」研究は，その後，霊長類だけでなく，人間の多様な発達，および多様な在り方を対象にする幅広い研究領域にわたるテー

マとして発展した。

「心の理論」は，「Theory of Mind」といい，"theory" という言葉を用いたのにはつぎの2点の理由があるとされている。

「心」の状態は直接的な観察ができない現象であり，科学理論のように推論に基づいて構成される性質のものである。

一旦「心」についての理論を構成すれば，科学理論と同様にその理論に基づいてある程度他の個体の行動予測が可能になる。そして，この「Theory of Mind」という考え方に関して，数多くの研究が行われるようになっている。この Premack & Woodruff（1978）の提唱した考え方を検証するために，Dennett（1978）は，つぎのフォーマットを用いた研究を提案している。

（1）Cは，Eがpであると信じていることを信じている。

（2）Cは，Eがqであると願っていることを信じている。

（3）Cは（1）（2）の信念から，Eが行為xを行うことを推測し，Eがxを
　　　行うことを予測する。

（4）Cは行為yを行う。その理由は次による。

（5）もしEが行為xを行い，Cが行為yを行わないなら，Cは自分が望む
　　　ものを得られないか，避けたいと思っている何かを得ることになるだろ
　　　う，とCは信じている。

Dennet（1978）の提起を受け，発達心理学領域において，Wimmer & Perner（1983）は，False Belief Task（誤信念課題）を用いた幼児の「心の理論」の発達についての研究を行い，その後，多くの追試的変更研究がなされるようになった。1980年代以降，Premack & Woodruff（1978）にもとづき，Theory of Mind とは，他者の行動を見て，その背後に「信念（〜と思っている・考えている）」，「意図（〜をしようとしている）」，「知識（〜を知っている／知らない）」といった心の状態（mental states）を想定して理解しようとする心を理解する枠組みのこととして，数多くの検討がなされてきた。

第2項　乳幼児期の認知的発達と「心の理論」

　乳児期は，養育者との関係性を築くことで基本的信頼感を形成し外的環境に適応し，幼児期から児童期は，さらに多様な環境との関係性を築き，自己認識を発達させ，他者・社会との関係を発達させること－自他認識の芽生えと育成が発達課題となる。自己と異なる他者の存在や視点に気づき，自己を制御しながら，自己を発揮し，他者を受容する経験を積み重ね，道徳性や社会性の基盤を形成する。近年，子どものより人生早期からの外界認知の発達に関しての研究が進んでいるが，9ヶ月頃からの三項関係の成立，共同注意の発達など，それまでの養育者による保護的な関係において育まれてきた社会環境的関係性が，自己－他者－自己周囲といった広義の社会的環境との関係へと移行する。この社会的環境の質的な変化に伴いさまざまな情報の認識が展開され，そこでの情報の理解が環境適応の基盤となってくる。

　「心の理論」の発達とは，信念，欲求，意図，感情などの精神状態を理解し，自分自身や他者に帰属させる能力の出現と形成をいいあらわしている。「心の理論」の発達は，社会的認知の重要な側面であり，異なる個人が異なる考え，知識，視点を持ちうることを認識することが含まれる。典型的な「心の理論」の形成過程は，乳児期から，学童期へ向かう発達をたどる。

表4-1-1　「心の理論」の典型的な発達過程

1.　乳幼児期（0〜2歳）
○初期の社会的参照：他者の視線を追いかけ始め，他者と同じ物や出来事に注目する共同注意を行うようになる。
○模倣：乳児は他者の表情や単純な動作を模倣し始める。
2.　幼児期（2〜3歳）
○自己認識の出現：鏡に映る自分を認識し始め，自己認識の初期段階を示す。
○他者の感情を理解する：幼児は他者の感情表現により敏感になって，共

感的な反応を表し始めたりする。

3．就学前（3〜5歳）
○基本的な「心の理論」の理解：他者が自分とは異なる考え，見方，感情
　を持っているのかもしれないことを理解し始める。
○誤信念の理解：子どもたちは，他者が現実とは異なる信念を抱いている
　可能性があることを理解する能力を発達させる。これはしばしば「誤っ
　た信念」のシナリオを含む課題を用いて評価される。

4．就学前期（6〜8歳）
○より複雑な「心の理論」：うそ・皮肉，二次的信念（他者の考えについ
　て他者がどう考えているかを理解する）などについてのより複雑な精神
　状態を理解する能力をさらに発達させるようになる。
○社会性の理解：社会的な関係や規範についての理解がより高度になる。

5．学童期（9〜11歳）
○複数の視点を考慮することができるようになり，他者の行動の背景にあ
　る意図・動機を理解するようになる。
○「心の理論」の統合：「心の理論」の基礎がよりしっかりと発達するこ
　とで，より微妙で複雑な社会的相互作用が可能な心的状態になる。

　「心の理論」の発達は，生物学的要因と環境的要因の両方に影響される。年
齢による一般的な傾向はあるが，個人差もあり，文化的・社会的経験が「心の
理論」の能力を形成するうえで重要な役割を果たす。さらに，自閉症スペク
トラム症候群などは，「心の理論」の典型的な発達に影響を与える可能性があ
る。

第3項 「心の理論」の発達と誤信念課題の通過時期

　「心の理論」を獲得するということは，人とは心的状態をもっているということ，その行動は心的状態によって生じるということ，心的状態はあるシステムによって行動を生み出すということを理解することである。自己や他者の心の理解，その両方に対する子どもの理解の本質を特徴づけることに焦点が当てられている。「心の理論」の代表的な課題に誤信念課題（False Belief Task）がある。誤信念理解では，世界についての個人の心的状態である信念や表象が，現実とは矛盾するかもしれないという理解を問うている。子どもの（真の）信念と，他者の異なる（偽の）信念に対する子どもの意識を明確に区別することが可能になる。（一次の）誤信念課題は，現実の出来事に関する他者の誤信念を帰属させるものである（Wimmer & Perner, 1983）。

　　※　なお，誤信念課題には，二次の誤信念課題があり，子どもは他人の考えに基づいて，ある人の誤信念を帰属させることが要求される（Perner & Wimmer, 1985）。本稿で単に「誤信念課題」といったときには，一次の誤信念課題を指すものとする。

　誤信念課題では，3歳児以下の子どものほとんどが，主人公がPをしまった場所Xではなく（主人公自身が知っている場所Xでもない），自分自身が知っている移動された後のいま実際にPがある場所Yと答えてしまう。そのため正答して課題を通過することができない。Ferner（1991）は，この方法に基づく一連の研究結果をまとめ，「心の理論」の出現時期は概ね4歳頃であるとしている。誤信念課題は「心の理論」を獲得しているかどうかの「リトマス試験紙」であるといわれることがある（Light, 1993）。しかし，いわゆる発達を査定する他の課題と同様には位置づけられてはいない。ただし，誤信念課題は，通過時期に関しては頑強な課題である（竹内, 2007）。また，誤信念課題に基づいたその他の「心の理論」研究の結果も，「心の理論」の出現時期は概ね4歳頃である（Gopnik & Astington, 1988; Perner, et al., 1987; 子安, 1996）。そして，4歳未満児が誤信念課題に通過しない理由については，知覚的情報アクセス，心の表象の性質，認知メカニズムなどの発達との関連からのいくつかの論議が試みられている。

Wimmer, et al.（1988）は，4歳頃に知覚やコミュニケーションが重要な役割を果たすことを理解するようになって信念の獲得に至るが，4歳児未満では他者の信念を理解するための真の状況と適切な知覚的アクセスがなされずに内的表象とその表象された外的事実の因果関係の理解を失敗するとした。Perner（1991）は，4歳頃に「メタ表象」が出現して誤った表象であることを理解するようになって誤信念課題を通過するようになるが，4歳児未満は表象の性質を理解した利用ができないとした。この心の理解の過程では，子ども自身が心の表象の性質を理論的に形成していくとした。一方，Leslie（1987）は，生得的に脳に「心の理論」機構という認知メカニズムが備わっていて成熟のある時点で脳が「心の理論」に必要なメタ表象を生み出すとした。Leslie（1988）は，乳児期からの物理的な因果関係の理解と心的な世界との統合により，心的状態は外的状況に接して生じた外的行動の原因であるという理解が4歳頃できるようになると考えた。したがって，4歳未満では，信念内容を特定する情報を取捨選択する手立てが未発達なため課題にも通過しないと考えた（Leslie & Roth, 1993）。さらに，乳幼児期の他者のふりの理解は必ずしもメタ表象能力を必要とせず，Perner（1991），Lillard（1993a, 1993）は，「心の理論」獲得では，ふりのようなメタ表象能力だけでなく因果関係とも統合する必要があると考えた（Leslie, 1994）。

第4項　自閉症児の「心の理論」研究

自閉症児の「心の理論」研究において，Baron-Cohen（1985）は，知的な遅れの伴わない高機能自閉症児でも「誤信念」課題の通過が遅れることを示した。Baron-Cohen（1995）は，「心の理論」に先行する心の働きがあるという見解の一つを共同注視などの行為などとともに示唆した。この「心の理論」の獲得のプロセスでは，共同注視などの行為が繰り返され，心的表象と外的対象との関係の理解が次第に可能となっていき，ふり遊びや1歳頃からの社会的参照行動（social reference behavior）のような特定の他者との関わり合いが進んでいく。そこでは，相互作用の中での知覚経験を再び繰り返し，他者の表情や

　情動，行動を認識する体験を経て自己と他者の心を理解するということを推測することができる。つまり，社会の中での知覚経験と「心の理論」の発達については，何らかの関係が成り立つことが考えられる。

　「心の理論」の発達と知覚経験との関連から，Happé（1994）は，誤信念課題は高度に構造化された課題であるため知的な推理だけでも通過できる可能性を指摘した。一次誤信念課題は9歳の言語発達レベルに達すると解けるようになることが指摘されているが（Happé, 1995），誤信念課題では他者の心的表象の内容の推測は求められるが，他者との関係の中に巻き込まれた状況認知とその中での感情の動きや意図の理解は問われないため，社会的判断なしに知的な推理のみによっても解決できる可能性があることを示唆している。そして，社会的文脈の理解が必要となる比喩的な言い回し，皮肉，嘘など字義通りでなく言外の意味を把握できるかどうかが求められる課題を作成した（cf., Happé, 1994）。その結果，自閉症児・者の「心の理論」課題の通過を困難にしているのは，「文脈の情報を統合させて意味を読み取ることの障害」であることを示唆した。しばしば用いられる課題の一つに主人公の嘘の意図を読み取れるかどうかを問う「罪のない嘘（Whitelie）」課題がある。以下が，基本的ストーリーである。これは社会的文脈における語用論的側面の理解に焦点が当てられており，二次誤信念課題の通過者も正答できないことがあることから，ハッペは高次のToM課題と称している（藤野ら, 2013）。

> 　「主人公ヘレンは，クリスマスを楽しみにしていた。ヘレンは，両親からクリスマスにはとても欲しかったウサギが買ってもらえると思っていた。クリスマスの日，ヘレンは，そこにはウサギがいるに違いないと思いながら，両親の前でもらった箱の包みを開けた。開けると中には百科事典が入っていた。両親がそのプレゼントを気に入ったかと尋ねたところ，ヘレンは「ありがとう。これ本当に欲しかったの」と言った。その後に，子どもは，「ヘレンが言ったことは本当ですか」，「なぜヘレンは両親にそう言ったのですか」と尋ねられる。

第5項　「心の理論」研究の課題

　発達心理学における「心の理論」の代表的な課題である誤信念課題（Wimmer & Perner, 1983）の通過は，4歳頃から徐々に始まるとされる。しかし，この時機の遅速については，言語能力との関連（Astington & Jenkins, 1999），模倣との関連（Pennington, 1991），課題解決方略との関連（e.g., 別府・野村, 2005）が示唆されてきている。しかし，その獲得のメカニズムはまだ明らかにはされていない。自閉症児研究からは，誤信念課題（Wimmer & Perner, 1983）の通過が遅れるとされる（Baron-Cohen, 1995）。自閉症児研究の展開から，発達機能的要因には，中枢機能と関連する3つの水準，生理学的・心理学的・行動学的要因が関連する（cf., Frith, 2004）といわれる。そのため知的水準の高い高機能の自閉症児・者でも，人間関係の中で起こる微妙な問題に対する社会的な判断には困難さが認められるものとされる。したがって，「心の理論」獲得期の発達的特徴およびコミュニケーションの変化については，日常的行動との関連の中で言語，知的機能，課題解決方略などの能力，および日常性の高い場面における社会的相互作用に関した能力を捉えることは重要である。とくに，その発達に遅れが認められる，広汎性発達障害の圏内とされる幼児の発達的特徴は「心の理論」発達の基底的要因の何らかの遅れを反映するものであると考えることができる。

第2節　幼児期における「心の理論」の発達【研究2】【研究3】

【研究2】
"誤信念課題"のストーリーを読んでいる間の応答と視線行動

目　的

　「誤信念課題（Wimmer & Perner, 1983）」に定型発達児研究は，4歳頃か

ら徐々に正答し始め，5歳児は他者の誤信念や行動を正しく推測できることが示される，それは言語および実行機能の発達との関連がある（小川・子安, 2008）。他者視点能力の弱さが見られる自閉症傾向の誤りでは，対象が移動する前の場所に比べて移動後の場所をより優先的に注視することが指摘されている。また，誤信念課題は通過する年齢を対象とした検討では，課題を拡張し他者視点を推測する状況を描いたストーリーを動画やイラストで提示し，視線行動との関連からの検討がされてきている。そこで本研究では，従来の誤信念課題には正答するとされる5～6歳の年長児を対象として，誤信念課題のストーリーを描いた物語形式の課題を用いて，従来の先行研究の課題と同様の結果を示すかどうかを検討するとともに，ストーリー課題における視線行動を分析の対象とすることを試みた。

方 法

・調査参加者は，幼児40名（男児24名，女児16名）だった。平均年齢6歳2ヶ月（男児6歳2ヶ月，女児6歳2ヶ月）。個別に調査を行った。

　　※　課題は，誤信念課題（Harris, et al., 1989; 溝川・子安, 2011）を参考にして物語形式にて作成した。視線行動の記録には，Talk Eye Lite T.K.K.2950（竹井機器工業）を用いた。

・課題の内容：先行研究の2つのストーリーついて各10枚の連続するイラストによるスライドに音声を録音し作成した。そのうち5枚が主たるストーリーの内容で，残りの5枚は，はじまりの表紙，登場人物や登場する物の名前の説明用と，終わりの説明用のスライドであった。これらの提示順序はカウンターバランスされていた。ストーリーは以下であった。

▶物語形式課題A.「ちさとさんのお話」

　はじめに，ちさとさんはピーマンが嫌いで，トマトが好きという設定であることを確認する。最初は弁当箱の中にはちさとさんの嫌いなピーマンが入っていたが，さとしくんがちさとさんを驚かせて喜ばせるために，ちさとさんがい

図4-2-1 「ちさとさんのお話」

ない間に，弁当箱の中身をトマトへと入れ替える。ちさとさんが，お弁当箱を
これから開けようとしている。2種類の質問を実施した。①他者信念質問：「ち
さとさんは，お弁当箱の中に何が入っていると思っていますか」。②現実質問：
「本当は，お弁当箱の中に何が入っていますか」。

「ちさとさんのお話」

1. ちさとさんは，ピーマンが嫌いで，トマトが好きです。

2. ある日，ちさとさんのお弁当箱にピーマンが入っていました。

3. ちさとさんは，先生に呼ばれたのでお弁当箱にふたをして，先生の所
   へ行きました。それに気づいたさとしくんは，驚かせて喜ばせようと，
   ちさとさんが先生と話している間に，お弁当箱の中身のピーマンをちさ
   とさんの大好きなトマトに入れ替えました。

4. 昼食の時間になり，ちさとさんがお弁当箱を開けようとしています。
   ちさとさんには，お弁当箱の中身が見えません。

   a. ちさとさんは，お弁当箱の中に何が入っていると思っていますか？

　b．本当は，お弁当箱の中に何が入っていますか？

▶物語形式課題B．「げんきくんのお話」

　げんきくんは公園の台の上にジュースの缶を置いてジャングルジムで遊ぶ。その間にまあくんはげんきくんを驚かせるために，缶の中身をお茶に入れ替える。げんきくんが戻ってきて，台の上にある飲み物を飲もうとしている。げんきくんには，缶の中身が「見え」ない。その後，つぎの2つの質問を実施した。①他者信念質問：「げんきくんは，缶の中に何が入っていると思っていますか」。②現実質問：「本当は，缶の中に何が入っていますか」。なお，これらの他者信念質問と現実質問は，心的表象と物理的現象を尋ねる相反する問いであり，従来，誤信念課題の課題通過としては，2つの質問に正答した場合と厳密にはみなすものである。ただし，本研究の物語形式では現実の物の移動を実際に観察しておらず，2つの質問ともが課題の継時的理解を求めるために課題A，Bの各質問を1点とした。視線行動の分析対象は，課題A，課題Bのいずれか1つの課題で2つの質問を通過し，2つの課題の得点の合計が3点以上である4名（男児2名，女児2名）について実施した。

結果と考察

　物語形式課題Aと物語形式課題Bの得点間には有意な差は示されなかった（$p > 0.1$）。なお，物語形式誤信念課題において課題Aまたは課題Bで2つの質問ともに正答したのは4名のみだった。従来の誤信念課題の実施方法では，およそ4歳頃から正答しはじめ7歳頃には正答するという結果に比べ，少数であった。視線行動の分析対象（4名）の動画データの視線の軌跡の移動では，(1) 動画上に登場人物が現れると視線が移動し注視している，(2) 登場人物のうち，前側の人物を注視するということが共通して見られた。ただし，物語後半になると視線の注視傾向が弱まることも見られた。

　本研究では5歳児の多くが正答するといわれる誤信念課題を物語形式によって5，6歳児に行った。しかし，視線行動を計測でき，課題AまたはBの①②

の両方に正答したのはごく少数だった。本研究で用いた物語形式の課題（A，B）では，ストーリーに合わせた背景が描かれていたため，課題要求に合わせたイラストの抽出に困難をもたらしたことが考察された。また，従来，目前で人形や紙芝居によって実験者が語る方式との相違点である相互作用が幼児期の子どもには重要であることが考察された。本研究は，物語形式誤信念課題のストーリーを読んでいる間において，参加者が何に注意を向けるかを視線計測にて検討を試みたが，対象が4人となって詳細な分析は今後の課題となった。正答には，物語の主体となる人や物への注視が影響することが考えられた。そのため物語形式による「心の理論」課題の理解には，言語理解による物語の主軸となる対象への注視や呈示刺激全体からテーマとなる対象への注視の能力との関連が考察された。

【研究3】
アニメーションによる課題を用いた幼児の「心の理論」の発達
——他者が人とロボットのとき——

目　的

　人はなぜ他者を何らかの形で理解するということが可能であるのだろうか。4歳以前の段階について，Baron-Cohen（1995）は9ヶ月頃に視線検知や意図検出のモジュール，18ヶ月頃に注意共有モジュールが発達して，「心の理論」のモジュールが4歳頃に形成されると述べている。この頃の幼児には，顕在的な意図理解，トポロジー的視点取得の発達も生じており，幼児は身近な他者とのコミュニケーションを介し，「心の理論」を形成してきていると考えられる。しかし，特定の自己と他者との関係における他者の心の状態の理解と，「誰でもない誰か」といった一般化された他者の心の状態の理解があるだろう。そこで，本研究では「心の理論」課題における他者の性質に着目し，他者の性質が同じではない（人とロボット）場合について検討することを目的とする。

方 法

　幼稚園児年齢4～6歳（範囲；4歳2ヶ月～6歳10ヶ月）の19人が参加した。年齢によって3群に分けた（年齢低群6人，年齢中群6人，年齢高群7人）。

・「心の理論」課題には，誤信念課題（cf., Wimmer & Pernar, 1983）と意図理解課題（cf., Happé, 1994）を参考にして2つを作成した。

・Wimmer & Pernar（1983）と同様の物移動（位置変換）課題と，Happé（1994）にもとづいた罪のない嘘の意図理解（葛藤理解）の課題である（図4-2-2，図4-2-3参照）。

・2つの課題のストーリーの枠組みは同じだが，人との心理的距離感について他者の性質は変えるために2種類（人，ロボット）作成して実施した。

・課題の通過／不通過の基準となる質問項目について，誤信念課題では，現実質問，記憶質問，予測質問，信念質問，および理由づけの付加質問を行った。2つの課題の提示順序はカウンターバランスをとった。正答を1点，誤答を0点とした。

　　※　アニメーション版は，林（2011）を参考に，Premiere Pro CS6とAnime Creator
　　Pro8によって作成した。また，課題の内容・ストーリーについての音声を付けた。
　　調査は個別方式で行った。初めに，幼児と挨拶などのやりとりを行い，その後，言
　　語応答課題を実施した。最後に，「心の理論」課題（2種類）を実施した。

〔「心の理論」：誤信念課題（位置変換）の教示〕

●他者：ロボット

(1) 現実質問：今，ボールはどこにあるかな？

(2) 記憶質問：ロボットは，最初にボールをどこに入れたかな？

(3) 予測質問：ロボットは，赤いカゴか青いカゴのどちらを先に探すかな？

(4) 信念質問：ロボットは，赤いカゴか青いカゴのどちらにボールがあると思っているかな？

※　付加質問（理由づけ）：ロボットは，赤いカゴを探しました。どうしてかな？　追加：ロボットは赤いカゴに，ボールがあると思っていたか

図4-2-2　誤信念課題（位置変換）

らです。どうして，ロボットは，そう思ったのかな？

●他者：人

(1) 現実質問：今，ぬいぐるみはどこにあるかな？

(2) 記憶質問：女の子は，最初にぬいぐるみをどこに入れたかな？

(3) 予測質問：女の子は，赤いカゴか青いカゴのどちらを先に探すかな？

(4) 信念質問：女の子は，赤いカゴか青いカゴのどちらにぬいぐるみが
  あると思っているかな？

※ 付加質問（理由づけ）：女の子は，赤いカゴを探しました。どうして
  かな？ 女の子は赤いカゴに，ぬいぐるみがあると思っていたからで
  す。どうして，女の子は，そう思ったのかな？

〔「心の理論」：意図理解課題の教示〕

●他者：ロボット

(1) 本心質問①：ロボットは，高速充電器がほしかったのでしょうか。

(2) 本心質問②：ロボットが，本当にほしかったのは，何でしょうか。

(3) 理解質問：ロボットは，本当のことを言っていますか。

(4) 理由質問：ロボットは，どうして本当のことを言わなかったのでしょ
  うか。

※ 付加質問：理由は，つぎの3つの中のどれかな。おうちの人をがっか
  りさせたくなかったから，高速充電器がほしかったから，ふざけて言っ
  た

●他者：人

(1) 本心質問①：女の子は，植物図鑑のご本がほしかったのでしょうか。

(2) 本心質問②：女の子が，本当にほしかったのは何でしょうか。

(3) 理解質問：女の子は，本当のことを言っていますか。

(4) 理由質問：女の子は，どうして本当のことを言わなかったのでしょ
  うか。

※ 付加質問：理由は，つぎの3つの中のどれかな。お父さんやお母さん

図4-2-3　意図理解課題（葛藤理解）

をがっかりさせたくなかったから，植物図鑑のご本がほしかったから，
ふざけて言った

結果と考察

1．2つの「心の理論」には差があるかどうか

(1) 誤信念課題では，信念質問（「どちらに○○があると思っているかな」）
で発達差が示された。ただし，話を理解して，前後の状況を合わせて正答で
きるかどうか，4つの質問（現実・記憶・予測・信念）を行った結果では，
他者が人では発達差が示されたが，他者がロボットでは示されなかった。
(2) 意図理解課題では，理解質問（「本当のことを言っていますか」）では，他
者が人でもロボットでもそれぞれ発達差が示された。しかし，話を理解し
て，前後の状況を合わせて正答できるかどうかの4つの質問（本心1，本心
2，理解，理由）を合わせると，他者が人の場合には発達差が示されたが，
他者がロボットの場合には，発達差の傾向があるにとどまった。
　上述の (1)，(2) より，他者の信念，または，他者の意図を理解するため
の「心の理論」課題では，課題内容の筋道の理解も合わせて問うと，意図を問
うより状況依存的な課題のほうが課題の筋道の理解が発達的であり，信念を問
うより位置の知覚的注意を求める課題の筋道の理解では，個人差が表れやす
かった。

2．他者が人かロボットかによる違い

　「心の理論」課題のいずれにおいても，その課題のキーとなる質問では，他
者が人かロボットかによる年齢（低群／中群／高群）による発達差は示されな
かった。しかし，他者がロボットよりも人のほうが，正しいストーリー全体の
理解に役立つことが考えられた。とくに，暗黙の意図の理解を求める課題より
も，誤信念課題のほうが，その傾向が強かった。したがって，幼児は他者が身

近な人であってもそれに比べて一般的には心理的距離があるはずのロボットで
あってもその気持ちを理解することに大きな差は示さないが，出来事全体を正
しく理解しようとしたとき，ロボットでは個人差がより大きく，より身近な存
在である人であるほうが発達的支援に効果的であることが示唆される。

第3節　大学生における「心の理論」の発達【研究4】【研究5】

【研究4】
大学生男女の「心の理論」における他者性の理解
──誤信念課題と意図理解課題より──

1．青年期における課題と他者理解

　青年期は，人が生きることにおいて本質的に重要なものは何なのかを問う，
学校社会から実社会へと自らを位置づけていくための移行過程である。青年
は，自己を他者とのさまざまな関係の中で知り，自らの可能性を実際の社会の
中で形あるものにしようとしていく。Erikson（1950）の心理社会的発達理論
における青年期の発達課題は自我相似性の確立対拡散である。

　思春期から青年期を生きる子どもたちは，他者との関係性の中で，自己との
向かい合いが課題となる。思春期から青年期の児童生徒学生が通う学校社会で
は，いじめや不登校の対応，特別支援教育の展開など多様な課題が見出されて
いるが，社会性の発達は，自分とは異なる他者の心的状態，つまり，他者の考
え・行動を推測する能力と関連している。青年期の発達にも欠かせない他者の
心的状態を推測する力の発達は，発達心理学領域では，「心の理論」研究によ
り，1980年代より展開され，近年では，児童や成人期以降を対象にした研究
も多数行われるようになってきている。

目 的

　大学生の「心の理論」発達の様相を知るために，人とロボットの他者2条件の比較により，大学生にとっての他者の心的状態を推測と他者のもつ性質との関連を検討する。

方 法

・参加者は，大学2年生119人（m＝20.0歳；男子54人：m＝20.0歳，女子65人：m＝20.0歳）。

・課題は，「心の理論」の他者について2種類の性質（A：人，B：ロボット）の課題を行った（cf., 林・今中, 2011）。

①誤信念課題（cf., Wimmer & Pernar, 1983）：4質問（現実質問，記憶質問，予測質問，信念質問），および付加質問。〔ストーリー：シナリオの主人公（人またはロボット）が物を移動した場所（A）から，もう一人（人）が，主人公が移動した場所から物を取り出して，もう一つの場所（B）にしまう。その後，主人公が戻ってきて，どこを探すか。〕

②意図理解課題（cf., Happé, 1994）：4質問（本心質問1，本心質問2，理解質問，理由質問），および付加質問。〔ストーリー：主人公（人またはロボット）がプレゼントをもらえることを楽しみにしていた日，主人公の親しい者（別の人）からプレゼントをもらう。しかし，もらったプレゼントは，主人公の望んでいた物（A）とは違っていた。それでも，主人公は，「これは，欲しかった物（B）なので，とても嬉しい。ありがとう」という。〕補助質問，人間とロボットに関する質問。

　　※ これまでの研究では，課題主題質問のみで得点化する場合と，課題主題と課題全体の理解の両方に関連する複数質問すべてに正答して課題を通過したとみなす場合があげられている。ここでは，課題主旨に関する質問として，誤信念課題の信念質問，意図理解課題の理解質問，それぞれの正答について，「心の理解水準1」として，課題主題と課題全体の理解に関連する4質問すべてに正答する水準を「心の理解水準2」

として，どちらも分析の対象とした。ここでは，「心の理解水準2」の得点化では，誤答が1つ以上あれば0，すべてに正答で1とした。

結果と考察

1．他者が考えていることがわかるか（誤信念理解）

○「心の理解水準1：信念質問」：人条件：「女の子は，赤いカゴと青いカゴのどちらにぬいぐるみがあると思っていますか」。ロボット条件：「ロボットは，黄色い袋と緑の袋のどちらにボールがあると思っていますか」。他者がどちら（人またはロボット）であるかによって，回答に偏りが示された（$p < 0.05$*）。

○「心の理解水準2：4質問」：他者がどちら（人またはロボット）であるかよって，回答に偏りが示された（$p < 0.01$**）。

2．他者が思っていることがわかるか（意図理解）

○「心の理解水準1：理解質問」：人条件：「女の子は，本当のことを言っていますか」。ロボット条件：「ロボットは，本当のことを言っていますか」。他者がどちら（人またはロボット）であるかによって，回答に偏りが示された（$p < 0.01$**）。

○「心の理解水準2：4質問」：他者がどちら（人またはロボット）であるかによって，回答に偏りが示された（$p < 0.01$**）。

　誤信念理解と意図理解における心の理解水準1，2とその他者2条件（人，ロボット）の組み合わせの4つのうち，3つまでは，他者人条件のほうが高かった。しかし，心の理解水準1（誤信念主題質問：信念質問）では，他者・ロボット条件の平均点のほうが有意に高かった（$p < 0.01$**）。これは，誤信念課題が，物の移動に焦点を当てた課題であることと，無機物（物）であるロボットの性質とのなじみやすさが，課題の読み取りの際に影響をもたらしたことが考えられる。

図4-3-1　誤信念課題平均点（人条件・ロボット条件）

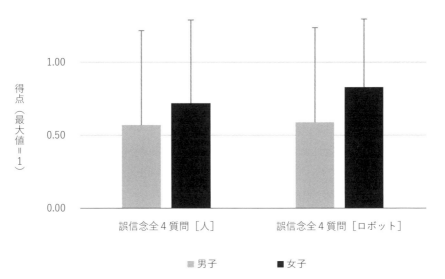

図4-3-2　意図理解課題平均点（人条件・ロボット条件）

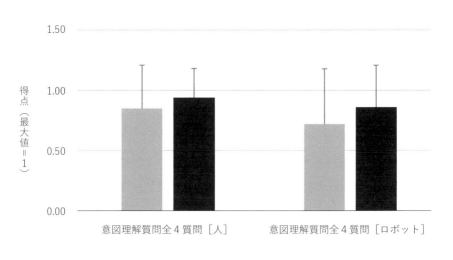

3．誤信念理解と意図理解における大学生男女の他者理解

　大学生男女間で，心の理解水準1，2について，他者2条件について調べたところ，心の理解水準1では，意図理解の他者人条件のみ平均点の男女差が示されなかったが，その他では，2つの課題の各条件で女子のほうが高かった。心の理解水準2では，いずれも女子の平均点のほうが有意に高く，それは，人条件よりもロボット条件のときのほうがより明確に示された。男女差が示されなかった意図理解課題の他者人条件（心の理解水準1）は，その他の課題に比べると，状況からの直感的な理解が容易である影響が考えられる。今回の結果からは，7歳頃には通過するシナリオでも，「心の理論」課題の提示方法により，大学生でも正答できないことがあること，また，提示方法によって性差が生じることが示された。一般に男子が得意，女子が得意とされている方略の影響がもたらされることが考えられた。

4．男女大学生における「人とロボットの違い」について

　男女大学生に行った付加質問（「人とロボットの違い」について）への回答について，種的差異性（「人とロボットの有機物と無機物の種の差異を主として述べている」），一般共通性（「人とロボットの共通する内容を主として述べている」），相似性（「人とロボットの相似性を主として述べている」）によって，3つのカテゴリーに分類した（一致率93.2％）。「種的差異性」の人数が66％，「一般共通性」は27％，「相似性」の人数は7％だった。

「種的差異性」記述例
　「人間は心があり，ロボットには心がない」。「心があるかないか。他者に気づかえるか」。「人間には心があり，ロボットには心がない。（感情的ではない）人間には他者の気持ちがわかるが，ロボットにはわからない」。「人間には心があり，他者の心まで考えて行動したりしている。ロボットには心がなく他者の事を考えていない」。

図4-3-3　人とロボットにはどのような相違があるか（着目点）

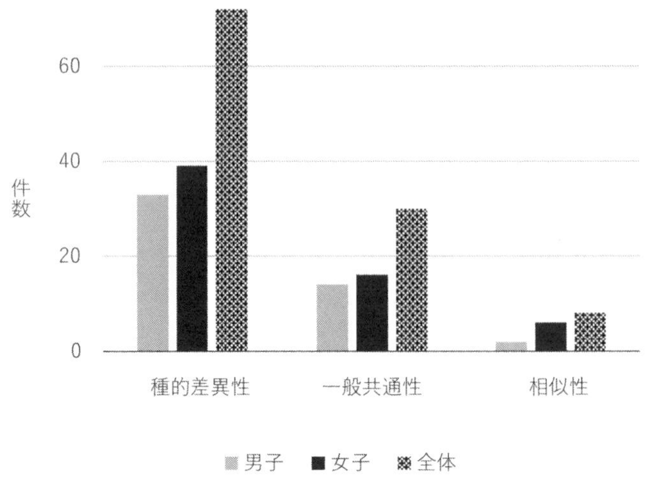

■男子　■女子　※全体

「一般共通性」記述例

　「ロボットでも今では心があるものがドラマなどであるからそんなに違いを感じなかった」。「ロボットはプログラミングされたものであり心のない人間のように感情がないと思うから他者を思いやることはしないと思うが，物語の中では感情があるのかなと思う」。「今はロボットも進化していていずれ心があるロボットができると思う。他者からもらったものは素直にありがとうっていう」。

「相似性」記述例

　「違いがあるようには考えなかった。人間もロボットも他者を思いやる心があると考えた」。「人間にもロボットにも心はある。人間だろうとロボットだろうと自分の家庭だったら他者じゃない」。

　ここでは，「人とロボットの違い」についての3つの分類「種的差異性」「一般共通性」「相似性」の人数の頻度の偏りは有意だった（$p < 0.01**$）。3つの分類には，男子学生・女子学生による有意差はなかった。

まとめ

　「心の理論」課題のストーリー版を用いて大学生男女の「心の理論」発達の検討を行った。オリジナル版が幼児向けの課題であっても，今回のような一定の条件下では必ず正答せず，課題全体の理解を求められると正確さが減少することが示された。今回は，ストーリー読み上げ課題であった。文字やイラストなどの視覚情報を伴わない，聞き取りのみによることがどのようにして影響したのか，今後は言語能力の測定も要するといえる。

　他者が人か，ロボットかでは，課題主質問と課題全体の理解に有意な差が示された。人かロボットかの違いを参加者自身との親近性も一つの要因として考えられる。しかし，誤信念理解を問う位置変換（物移動）課題ではロボット条件のほうが高いことからは，課題の理解しやすさ，課題と他者との関係性の質も他者理解の要因の一つとして考察される。

　付加質問では，人とロボットの違いを尋ねた。特定の仮想的世界（物語やドラマ）を前提として，一般共通性，相似性に言及する回答が一定程度あった。また，人とロボットの行動の主体的であり得るかに着目した回答もあった。3つ目としては，人とロボットを弁別しない状況優位もしくは状況依存的な回答が見られた。一方，人であっても状況においては，主体的に行動しない，あるいは自発的に動作しない状態もあり得るといえるだろう。

【研究5】
曖昧な刺激の呈示反応と心の概念的意識
──A女子大学生を対象として──

問　題

　「心の理論」とは，「目的　意図　知識　信念　思考　ふりなどの内容から，他者の行動を理解したり推測したりすることができる能力（Premack & Woodruff, 1978）」として広く捉えられている。直接観察することができないが，とくに

他者の行動を予測するための「心の理論」をもつということは，個人が自身や他のものに対して心的状態を帰属することを意味している。現在，「心の理論」研究では，乳幼児期，児童期だけでなく，青年期，また，生涯発達をテーマとした研究が進められ，また，「心の理論」発達の多面的な理解も検討されてきている（e.g., 東山, 2001）。その中で，大学生を対象とした「心の理論」に関する報告も行われている（e.g., 岩田・岩立, 2006; 前原・斉藤, 2008; 渡部, 2020）。

目　的

幼児期には推理や判断が直観作用に依存しているため知覚的に目立った特徴に左右されやすい。また，知覚的束縛との葛藤事態では知覚的特性が優勢となるという認知的発達の特徴が見られる。このような認知的特徴は，大人においても課題の性質が不完全な（明白に組織されていない，部分的な組織を持つ）刺激の場合，見られるのだろうか。そこで，曖昧な刺激呈示による認知的反応の特性をここでは発達的に検討してみたい。課題Ⅰでは，曖昧な刺激図を提示した観察時の回答について認知発達的に分析・考察する。課題Ⅱでは，人の心の直観的把握の依存的特徴を検討するため，心の実在性についての質問の回答を分析・考察する。

方　法

調査の課題と状況

・調査参加者：A女子大学36名（20〜21歳）。「心理学」関連授業時に調査協力を依頼して調査用紙を配付した。課題Ⅰの図提示は，教室前方のテレビモニターを使用して一斉に実施した。調査実施の所要全体時間15分。各図の呈示は20秒間隔とした。

・材料：課題Ⅰの呈示図は2種類で，課題Aの図4-3-4aは，「桜」，「人の顔」，「三角図形」の混合，課題Bの図4-3-4bは，課題Aと同じ形で大きさの異なる「三角図形」のみの図とした。いずれも呈示図内の各図の配置数は6個ず

つだった。回答用紙は課題Ⅰと課題Ⅱ共通，A4用紙1枚を配付した。

手続き

・実施手順：課題Ⅰ＝それぞれの呈示刺激を観察して配付した用紙に回答する
よう教示する（自由記述）（図4-3-4a，図4-3-4bの静止画2枚についてここ
で報告する）。課題Ⅱ＝人の心の有無に関する質問文への回答を求めた。

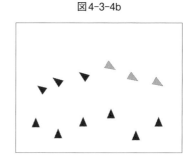

図4-3-4a　　　　　　　　　図4-3-4b

結　果

1．課題Ⅰ

　課題A，課題Bの自由記述回答内容について，20答法（Twenty Statements
Test; Kuhn & McPartland, 1954）における分析方法を参考に，外面的，内面
的，形式的の3つに分類した（一致率94.8％）。課題Aでは3つの分類の回答間
の頻度差が示された（$p < 0.05$）。各2項目間では，外面的と内面的では差が示
され（$p < 0.01$），形式的と内面的では有意な差の傾向が示されたが（$p < 0.10$），
外面的と形式的とでは差は示されなかった（$p > 0.10$）。課題Bにおける3つの
カテゴリー間の回答頻度の差についてχ^2検定を行ったが頻度の差は見られな
かった（$p > 0.10$）。

2. 課題Ⅱ

　問1：「人には，心があると思いますか」（二者択一）。「はい／いいえ」の頻度の差が示された（$p < 0.01$）。問1では，理由づけの回答内容を，「行動」，「感覚」，「思考 意志」，「感情」，「生活 教育」，「生理的機能」の6つに分類した（一致率81.6%）。これら6つの分類項目間に回答数の頻度の偏りが示された（$p < 0.01$）。

　つぎに，問2：「人に心があると応えた場合：それは，どのようなものですか。人に心がないと応えた場合：私たちが一般に心と呼んでいるものは，どのようなものですか」。これらの自由記述の回答理由のなかに，「感情」という語句があるかないかに着目して，回答を「感情」の語句あり群（23人），「感情」の語句なし群（13人）の2群に分け，語と語のネットワークの特徴的な傾向についてKH Coderによる共起ネットワーク分析を行った。その結果を，それぞれ図4-3-5，図4-3-6に示す。

　　※　KH Coderによる共起ネットワーク分析における語（node）の色分け方法は，社会ネットワーク分析での「中心性」によって，KH Coder直接出力の場合の色の表記を示しているものである。各語がネットワーク構造の中でどの程度中心的役割を示しているか，また，中心性の高さについては，「媒介中心性（水色）」，「次数中心性（白）」，「固有ベクトル中心性（ピンク）」の順とされている。そして，線で結ばれているかどうかに意味があるとされる。

考　察

1. 課題Ⅰ

　課題A：回答内容の分類では，呈示した図4-3-4aの外的な不完全さを補うようにして内容を意味づけようとしたと考えられる「内面的」な回答人数が最も多く，また，知覚的な特徴から規則性を読み取ろうとする「形式的」回答がつぎに多かった。そして，単純な知覚特徴に関する「外面的」回答数が最も少なかった。課題B：回答内容の分類により，図4-3-5では，「形式

図4-3-5　KH Coderによる語の分析：「感情」を用いたグループ

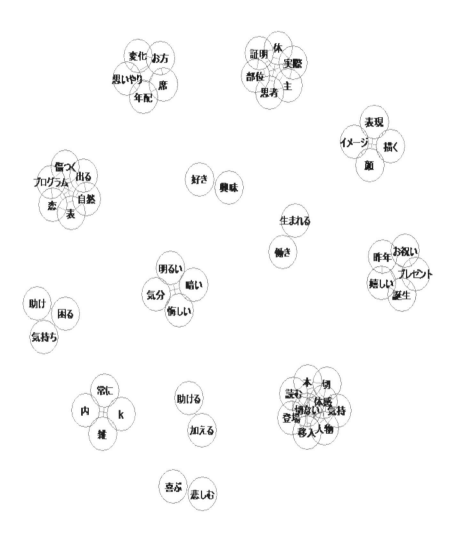

図4-3-6　KH Coderによる語の分析：「感情」を用いなかったグループ

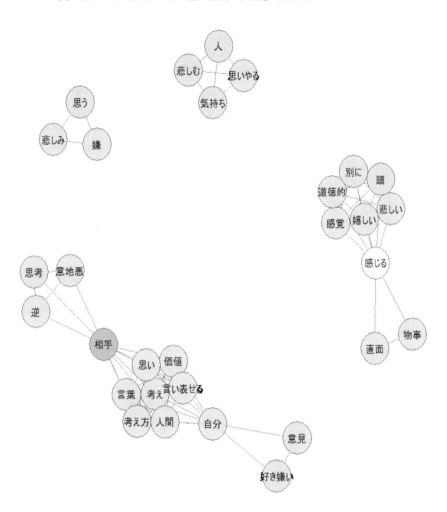

的」「外面的」の順に回答人数が多く，ここでは，「内面的」な内容に関する回答数が最も少なかった。強固ではないがある程度規則的な図の配列から，具体的な三角図形への反応が多く，より組織的な規則性を読み取ろうとしたことが考えられた。課題Aでは，図の要素（桜，顔）の日常性が高く，具体的なものであったことから，そこに日常的文脈を仮定した理解を試みが容易であったことなどが考えられる。

2．課題Ⅱ

(1) 問1（心の存在）

　問1の「人には心があると思うか」について，「なし：2名（6%）」だったことからは，それぞれの人にとって心とはあるものと考えていることを示している。一方，人間存在に心そのものはアプリオリではない，あるいは，一定の文脈の上に成り立つものとして捉える者も少数だがいると考えられる。ただし，たとえば，そこに人間らしい心という付加的意味を加えるなど，付加的意味を付与することで回答は変わると考えられる。

(2) 問2（理由づけ）

　ここでは，理由づけの回答内容から6つのカテゴリーがあげられた。そのうち「感情」が最も多く23件，「思考」，「意志」は8件で2番目に多かった。人の心の客観的な理解で重視される「行動」は最も少なく1件だった。情動的で，本能的エネルギーともより密接に関連している「感情」の語句が最も多く用いられた。行動のように客観的視点から捉えられ，また，思考意志のように認識と密接に関連されうるものなど実証的に取り扱われることが多い心の側面に着目した答えが少なかった。ここでの問いは，人の心の機能，心の状態を問うものではなかった。そこで，「人に心はあるか」という人の心の存在を，哲学的な思考による認識的理解というよりも，ここでは，現実的な感覚と関連づけ，「感情」に着目したことが考えられた。

　そこで，ここでは，最も多く理由づけの回答で用いられた語句「感情」に

着目して，全回答者を語句「感情」利用あり群，利用なし群の2つに分けた。そして，「感情」と関連づけて心の存在を決定づけた心の捉え方と，その他の心の捉え方の傾向を探ることにした。その結果について，KH Coderによる共起ネットワークによる質的分析を行った。感情という語を使用していた人のグループ（群）では中心化傾向が低かったが，「感情」を用いなかった人のグループ（群）では，中心化傾向をもつ語句も示された。とくに，「相手」「自分」などが高い中心化傾向をもつ語として示された。したがって，語句「感情」利用なし群では，二者関係を想定するなど，社会的な関係性を想定したことが考えられる。一方，語句「感情」利用あり群では，回答者自身の自己の内的な感覚や感情を表出して記述したことが考えられる。人にとって心の存在に関して論ずる際に，自己の「感情」にもとづいた説明は現実的ではあるが，心は存在するという前提に立つものになる。一方，人に心は「あるか／ないか」の問いでは，人と心の関係を問う面も含意されている。「相手」「自分」など，人間関係の中で心が存在することを示唆しているのかもしれない。

まとめ

　課題Ⅰでは，不完全さをもっている曖昧な図で，2枚の間では，日常性の高さにも違いがあった。幼児期では，完全な図でも全体を統合して捉えるのに困難さをともなう。また，背景の一部省略化されたイラスト数枚の図を連続して呈示して，シナリオを読み込む課題では誤ることも少なくない（e.g., 研究2）。ここでの大学生では，日常性の高さの違いへの依存，配列の規則性への注意，これらの違いによって，回答の内部性，外部性に影響を与えたと考えられる。大学生における曖昧な図の読み取りでは，個人内要因の影響を大きく受けることが考察された。

　幼児ならば，心がどこにあるのか，心は何なのか，まだ，言語的に整理して答えられない場合も少なくない。課題Ⅱでは，大学生である大人を対象としたため，「心をもつ」という答えが予想され，また，「ある」とした回答人数が9割以上だった。ただし大学生であっても，「ある。そう教わったから」という

回答などもあった。日常的には「ある」とされているものだが，回答にたどり着く過程がそれぞれあったと考えられた。心を説明する語句の利用を見ると，突出して「感情」という語句を用いて理由を説明した回答者数（36人中23人）が多かった。「感情」利用あり群と，語句「感情」利用なし群に分け，共起ネットワーク分析を行った。その結果，語句「感情」を用いた群では，中心化傾向の高い語句が出現していない，ネットワーク化傾向の弱い結果になった。大学生でも，人の心について説明を求められると，体験を伴う情動に依拠していることはいえるが，心という概念的知識は比較的曖昧である。「感情」という言葉を利用しなかったグループ（群）では，「相手」「自分」と「感じる」の語句の中心化傾向が示された。語句「感情」利用なし群では，より人の心の働きに即した記述も見られた。大人であっても心という概念的意識は未熟な面があること，また，ネットワーク化がより明らかに検出されるような明細な意識化のためには，手がかりや条件の付与が必要であることが考察される。

　本研究では，視覚的な刺激として曖昧な刺激図を，言語的な刺激として2つ質問文を用いた。視覚的な刺激条件では，認知的葛藤の処理を内部外部のどちらで行うかが関連すると考察された。また，言語的な刺激条件では，認知的葛藤の処理において，「感情」という語句を用いた回数の多さが一つの特徴と考えられた。「感情」を用いた回答者数のほうが多かったが，「感情」を用いたグループ（群）のほうよりも，「感情」を用いないグループ（群）のほうが，心の存在についての語句間の関連性やネットワークが明確に示された。そのため何も条件や制約を求めずに，「感情」に焦点を当て，人の心の存在を説明しようとすると，その説明が漠然としたものになりやすいことが示唆された。大学生への曖昧な刺激の呈示では，個人内要因である性格，志向性の影響が示唆されたが，今後の課題としては，学年間や学部間での比較をすることで個人間差となる発達的特徴を明らかにすることである。

第 5 章

他視点取得研究は
どのように生かされるのか

第1節　空間的関係の理解と発達的指導・支援

　教育活動では，体育の時間でも見受けられる身体的な操作のぎこちなさ，ま
た，教室場面でも身近な自己周囲の空間の使い方が苦手と捉えられる子どもた
ちがいる。その際，子どもにとって，身体的情報（表情，視線の方向，身振
り）などに関する非言語的情報を相互関係的に理解したり，解釈したりするこ
とが難しいことが多い。また，自己周囲の物体の特定の配置を含めて，いつも
通りの環境が変化した場合に，柔軟に適応することが難しいこともある。けっ
してそればかりではないが，このような行動が発達障害に起因していることが
ある。

　たとえば，自閉症スペクトラム障害（Autism Spectrum Disorder: ASD）は，
社会的な相互作用やコミュニケーションの困難さ，反復的な行動パターンなど
を特徴とする発達障害であるが，空間関係の理解や処理において特定の困難を
抱える場合があることが知られている。その場合には，視覚的な情報提供，具
体的な物との関係で示した学習が，他者の意図を理解するための支援に有効で
あることはよく知られている。行動形成のための意図理解の指標や環境との関
係における行動の指標が明確にされることで理解することができる。

　しかし，今日，発達障害を有するかどうかにかかわらず，空間関係の理解が
苦手な子どもたちが増えているという声を聞くことが少なくない。たとえば，
教育場面で与えられた課題に適切なグラフを描くことや，その読み取りが充分
ではないといった課題を有する児童生徒が今日少なからず存在している。たと
えば，空間関係の理解の苦手さは，特定の一部の障害の有無に限定されること
とはいえない。人生早期から始まる空間関係の理解の基礎的体験は，身体表象
体験から始まると考えられるが，そこでの自発的な行動体験が，どの子どもた
ちにとっても欠かせないと考えられる。それは，ピアジェ理論の感覚運動期に
おける言語的発達の基盤にもなる子どもの自発的体験の重要性を言い表すもの
と考えられる。

第2節　子どもの認知発達と身体的発達【研究6】

　子どもは認知発達が進む過程で自分自身の身体を使って自己と世界について理解しており，身体的な経験が知識の構築に不可欠な要素となっている。子どもの時期に，自己と他者，自己とモノ（例：ある対象や場）との二者－三者関係が育つことは，1980年代以降に台頭した「心の理論」の研究の流れにも位置づけられている（cf., Baron-Cohen, 1995）。他者の視点に立つという意味において，空間的視点取得と社会的視点取得である「心の理論」の両者は根底で共通の基盤を有すると考えられる。

　臨床の場では，子どもの空間的理解を含む認知発達を評価し，年齢に応じた課題，観察，介入を通した支援が行われているが，実践の基礎にはピアジェの考えが位置づけられてきていると考える。ピアジェの理論的な枠組みが，さらに，新たなアプローチと組み合わせて使われることで，子どもの空間的世界の理解もより豊かにされ，認知発達の個人差や文化的差異も明らかにされてきている。

　子どもが社会的環境に適応し，他人と効果的にコミュニケーションをとるための能力を築く基礎を育てるには，子どもの身体的発達が心理的発達に密接に関与していることを理解することが重要である。子どもの身体的発達と心的機能の発達は，社会的認知や感情的スキルの基礎を形成し，他者の行動を観察し，模倣することを促進し，他者との相互作用を通して子どもは他者の視点を学ぶ。身体的成長には脳の成熟も含まれる。前頭葉の発達は計画立て，問題解決，抑制制御などの実行機能を司るが，これらの能力は他者の視点を理解するために欠かせない。つぎは，子どもの身体的発達と心的機能の発達との関連についての調査になる。

【研究6】
幼児保育の専門的体育活動における心身の発達

1．問題

　幼児期の子どもが通う幼稚園・保育所等の保育で，体育・スポーツを専門とした研修または実践の経験を通し学ぶ機会をもった保育者や，体育・スポーツを専門とする者（教師・有資格者・院生／学生等）が参加して体育活動が行われることが増えた。体育・スポーツの専門的な指導者が参加して行われる保育のねらい，特色はどのようなところにあるのだろうか。（1）幼稚園・保育所等の保育時間の専門的な体育活動の実態を調査してその特色を調べる，（2）保育時間における専門的体育活動の観察事例から，幼児の学習経験の実態を捉え，専門的体育指導の特質を分析する。

2．方法

　3，4，5歳児に体育活動に着目した保育を行っていると回答した58園（幼稚園37，保育園13，認定こども園2，幼稚園および保育園1，未記入5）を調査対象とした。
　手続き　導入時のねらい，活動導入による影響，園における活動の展開について質問（①導入のきっかけ・主な内容，②良かった点・困った点，③工夫点・伸長点）を自由記述回答形式で行った。観察事例は，調査に回答された園のうち，観察協力を得られた園で実施した。

3．調査研究

(1) 調査の結果
　保育における体育活動の導入は，「子どもの成長・発達」を促進すると考える記述の園が多く（60%），また，「体育活動の専門性」については，「運動の

指導法」,「年間を通しての発達段階に合わせたカリキュラム」に関する系統
だった指導についての記述が見られた。体育活動の導入を園の保育の特色とし
て位置づけて,(単に特定の運動能力の発達に特化したねらいをもっていると
いうよりも)より園としての保育・教育の目標を促進すると捉えられていた。
「生きいきとして園生活を送ること」や,「生活の豊かさ」と「集団生活力」に
概ね良い影響がある(83%)。「身体の成長・発達」と「心の成長・発達」に
概ね良い影響がある(69%)。「指導法」に関しては,体育講師の専門的観点
と専門的指導法を日々の保育に保育者らも取り入れていくなどの積極的な受け
入れ姿勢の回答が見受けられた。質問項目のうち,保育時の専門的体育活動の
導入の影響について,回答内容の語句を整理して分類し因子分析したところ,
3,4,5歳児における社会性の発達への影響要因は,3因子構造だった(第1
因子は「自他意識」,第2因子は「役割取得」,第3因子は「自己発揮」)こと
から,子どもの社会性の発達が重視されている。

(2) 調査の考察

　保育者と体育講師による保育時における専門的視点を導入した体育活動は,
園生活を幼児が楽しく元気に過ごすこと,幼児自身の身心両面の発達を促進す
るものとして捉えられていた。そして,保育活動として充実させていくため
に,保育者と体育講師との間での関係調整も大切であると考えられていた。体
育講師によって行われる活動の特色は,運動の基本構造の理解に基づいた幼児
への目標を明確にした指導・指示により,幼児自らが,主体的に一つひとつの
動作に取り組むための働きかけが行われることである。
　荒井・中西(2013)は,幼児体育の指導場面では指導者による示範は不可
欠であると述べ,将来保育者として運動指導に当たる学生にとって,日常生活
や運動遊びの基本的な動き方を学習すること,その運動の「運動構造」を理解
したうえで「動き方のコツ」を認識することで,より生き生きとした言葉によ
る実践的な指導が可能となると述べ,運動伝承を効果的に行うことの重要性を
示唆している。

4. 事例研究

〔活動の概要〕A幼稚園年中児クラス（20名程度）。活動時間等：30分程度，週1回。〔体育活動時の保育者・体育講師〕クラス担任の保育者2名，体育活動に参加する講師3名（体育講師の有資格者1名，体育大学生2名）が参加して行われた。筆者は活動の初めから終わりまでを保育室内にて観察した。観察期間：2月〜3月。

〔体育活動の様子〕保育者2名が，保育室より園児を引率して入室し，体育活動講師に挨拶し，体育活動講師の主導により活動が展開された。その場に保育者も参加して，園児らへの励ましを含む個別的対応のほか，活動の補助としても入るなど活動全体が円滑に運ぶように参加した。活動は入室，整列，挨拶，走る，柔軟運動，縄跳び，鉄棒，整理体操，挨拶，退室の順に行われた。

〔活動の種目〕「鉄棒」：ツバメ（両手で鉄棒を握り，腰の部分で鉄棒に体重をあずけるまでの動作）から，座布団（頭を鉄棒より低く下げて，お腹のところで鉄棒を挟むようにするまでの動作），でんぐり返し（下がった頭の状態から手足で反動をつけて，ぐるっと回りこむまでの動作）。

〔体育活動全体の進行〕園児は，事前に縄跳びの活動を終え，室内に3台平行に並べて置かれた鉄棒の前に3列になって整列する。初めに体育活動の講師が，今日の活動のねらいを語りかけるようにして話しながら演技のモデルも示して，園児らに身体の使い方を説明する。園児らは緊張した表情で講師の先生を見つめて話を聞いている。その後，体育講師に指示されて3列に並んだグループごとに，鉄棒の活動に取り組んで行く。体育講師は，鉄棒1台ずつについて，個別に演技の指導と援助を行う。順番を待っている園児は緊張した表情だが，自分の順番を終えて，顔がほころび，なかには笑顔で他の園児とハイタッチをしたり，達成した喜びを小躍りするかのように身体で表現したりしている。また，つぎの順番が巡ってくるのを緊張した表情で待っている園児もいる。保育者は，緊張する園児を励ましたり，演技の手助けが要る園児の補助をしたりしている。

行動観察の場面と考察

（1）観察事例1（Bちゃん，個の育ちに着目）

　初めに鉄棒の脇に立つ体育講師が，「ハイッ」と手を叩き声かけをする。Bちゃんは飛び上がるが，鉄棒の持ち手が不充分で，つぎの動作に移動できない。体育講師が，Bちゃんが姿勢を整えしっかりと握れるように補助する。Bちゃんが姿勢を整えた後，体育講師が背中に手を当て，Bちゃんは体重を鉄棒に預けるような姿勢になる。その後，体育講師が軽く背中を押しながら，Bちゃんは動作の流れの中で身体を下方に向け，ゆっくりと回り始める。逆さになりかけたところで，体育講師が残りの回転を反動で回るように手を添える。Bちゃんは，鉄棒をしっかりと握ったままぐるりと回り，自分が初めいた鉄棒の反対側に戻る。Bちゃんは，少しはにかみながら，「やった」という表情で，最初の列の中に小走りに戻る。

　〔考察〕Bちゃんは，自分の身体を操作する一連の動作を体の軸を整えてもらいながら，自己身体を操作することを経験している。自分の手の位置，身体の重心の置き方，自分はいまどこにいてどこに向かおうしているのかという全身の動きを一連の動作の流れの中で，感じ取れる能力を身につけていると考えられる。そこでは，自己身体的表象を具体的な手指の操作，自分の身体と鉄棒という物との関係，運動の方向性を捉えて身体を操るなど，自己と自己，自己と物と，自己と周囲との関係を育てていると考えられる。それは，自己と他者（具体的な指導を通しての体育講師，その場に参加する保育者，そして同じ活動を共にする園児）との関係の中で育まれていた。

（2）観察事例2（Cちゃん，個と集団の育ちに着目）

　不安な表情で鉄棒に向かうCちゃんを体育講師が，Cちゃんの鉄棒の向かい側で膝を折ってすわり目を合わせて「大丈夫」と待ちうける。鉄棒の前で，立ち止まるCちゃん。体育講師が声かけをするが，うつむいている。後ろから，保育者がCちゃんの飛び上がりを補助するように支え，前

から体育講師が姿勢を整え，重心の移動を補助するがそこで降りる。そして，つぎにまた回ってきた順番では，Cちゃんが鉄棒を前に戸惑いを感じる不安な気持ちが，他の園児にも伝わっていく。「がんばれ」という声が起こり，やがて多くの園児たちが「がんばれ」と声援する。最初からCちゃんの姿勢を整え，鉄棒の上でCちゃんの姿勢（身体全体）が安定できるように保育者と体育講師で補助する。Cちゃんが無事終えると，その後，「がんばれ」の園児らの声援は，どうしたら鉄棒上で自分の身体が安定できるか，戸惑っているその後の他の園児にも向けられていた。

〔考察〕Cちゃんの鉄棒を前にして，「大丈夫かな」「できるかな」「どうなるのかな」と前に向かう気持ちが一瞬立ち止まって身体も固くなってしまうことが，他の園児にも伝わり，声援が広まっていったようだ。ここでの体育活動は，その部屋に入ったときから，皆が同じ目標を持ち皆で行動するというルールの中で行われていたが，そのような関係の中において生じた行動のように捉えられた。

まとめ

　幼児期は，他者との関係における心の発達や，自己身体的表象から心的表象に向かう他者視点取得の基盤づくりの重要な時期である。幼児期に自己の身体を目標や目的をもって使うことの楽しさ，その達成感を味わうことの喜びが，幼児の自律性や自己制御力を高め，他者や物（を操作すること）との関係を促すことを，保育における専門的体育活動を通して重視していると考察された。観察事例からも，個々の幼児が，身体を積極的に動かすことへの関心が高まり，与えられた努力目標に対して，幼児自らが意識を持って取り組む力が伸びることにつながっている。集団活動に規律をもって活動する体験は，他者との協同性を早期から高める機会にもなっている。共感力や他者との関係を築く経験が豊かになることが予測されるとともに，体育活動時と体育活動時以外の保育活動もより豊かに展開できることが期待できる。なお，保育における体育活動は，児の心身の発達状態に合わせた適切な指導のもとで行われることが欠か

せず重要であるので，子どもたちの発達段階に合わせた適切な活動，楽しさを取り入れたゲームなどの提供も含めて専門的に体育指導を習得した講師等による体育活動が工夫して導入されていると考察される。

第3節 「心の理論」発達とコミュニケーションの変化【研究7】

【研究7】
幼児の「心の理論」の獲得における発達的特徴とコミュニケーションの変化──AとBの事例──

　保育・教育の現場では，20世紀終盤頃から，「気になる子」（e.g., 田中, 2009）に関連する社会性・コミュニケーション能力の発達が，指導・支援における課題となって議論されてきている。認知・言語・行動等の発達的な遅速に限らず，発達的な偏りに起因すると考えられる集団適応が困難な子どもへの対応に関する課題となって議論されてきている。それは，共同注意，情動発達，自己制御，「心の理論」発達などの観点から，子どもの社会性の支援における課題として浮上してきている（e.g., 長崎ら, 2009）。本研究では，初めに従来の「心の理論」研究の知見によって幼児期の「心の理論」の発達的課題を検討し，その後，広汎性発達障害（PDD）で認められる行動特徴をもつ幼児AとBによる事例による検討を行う。そして，「心の理論」形成における発達的特徴とコミュニケーション変化を中心に分析・考察する。

　※　広汎性発達障害：アメリカ精神医学会により2000年に出版された「DSM-IV-TR」（『精神疾患の診断・統計マニュアル』第4テキスト改訂版）によって，広汎性発達障害とは5つの障害を総称する名称とされた（自閉症障害，レット障害，小児期崩壊性障害，アスペルガー症候群，特定不能の広汎性発達障害分類）。その後，2013年に改訂された「DSM-5」（『精神疾患の診断・統計マニュアル』第5版）では，広汎性発達障害の分類はなくなるが，レット障害を除いて「自閉スペクトラム症／自閉症スペクトラム障害（ASD）」という診断名に統合された。病院での診断は「自閉スペクトラム症／自閉症スペクトラム障害（ASD）」が診断名として用いられる。

※　ここでは事例の個別差異性に焦点化するのではなく，幼児期の集団適応上の課題
と認知発達的課題との関連に浮上する行動特徴と幼児への周囲の理解と支援による
発達的変化に関して取り上げる。

目　的

「心の理論」の形成における発達的特徴とコミュニケーションの変化につい
て，幼児AとBの事例をもとに検討する。幼児AとBは，日常生活の行動場面
で，「コミュニケーションが上手くとれないことがある」，「興味や行動への強
いこだわりがある」という特徴があるとされていた。そこで，幼児AとBの評
価と支援の検討を行い，幼児AとB自身と幼児AとBと同じような発達的特徴
を持つ子どもの評価と支援の検討に役立てたいと考えた。

方　法

（1）事例協力者：発達障害（当時，広汎性発達障害：PDD）の圏内である
とみとめられたことがある幼児Aと幼児B。幼児A（年中児）と幼児B（年長
児）と各々の保護者（母親），幼児Aと幼児Bが参加する発達支援機関の担当
保育士。

（2）課題概要：個別に行われた。〔倫理的配慮〕事前に調査者が幼児の参加
している小集団へ参加観察者として加わるなど幼児との親和的関係が充分取れ
ることに配慮した。課題開始時に，幼児にこれから行う活動の説明をして了解
を求めた。母親は，幼児が安定して調査に参加できるように幼児と机を置いて
対面する調査者らと離れた幼児座席後方に，着席した（終了まで，見守る形で
室内にとどまっていただいた）。なお，課題実施時間は30分程度だった。保護
者と保育士からの聞き取りは，それぞれ別の日に30分程度で行った。

（3）課題の項目内容：①「心の理論」課題：a.「誤信念」課題（cf.,
Wimmer & Perner, 1983）。b.「意図性」課題（cf., Happé, 1997）。得点化：先
行研究にならい，各4設問をすべて正答して課題「通過」とした。それ以外は

すべて「不通過」とした。②発達検査（新版K式発達検査2001）。③言語応答課題（田中・ビネーの基底年齢3歳以上〜6歳までの言語による応答課題）。④保護者による聞き取り。⑤保育士による聞き取り。

　※　「新版K式発達検査2001」:「K式発達検査」は，1951年京都市児童院（現京都市児童福祉センター）より，ビネー『知能測定尺度』，ゲゼル『発達診断』，ビューラー『発達検査』を基に開発・標準化された乳幼児発達検査法として発表されている。その再改訂版にあたる。

　※　言語応答課題：予備調査時に，ビネー式，ウェクスラー式の知能検査の言語に関する課題を用いたところで，ここでは子どもとの親和的関係がスムーズに形成されやすいと考えられたビネー式の言語課題の一部を用いた。

幼児Aさんの事例

①「心の理論」課題

　a.「誤信念」課題　課題通過

　　※　誤信念課題実施時，絵に関心を示し，身を乗り出して聞こうとしてくる。

　b.「意図性」課題　課題不通過

②発達検査（新版K式発達検査2001）

　発達年齢：全領域（3歳1ヶ月）　※　生活年齢（4歳9ヶ月頃）　認知・適応領域

　＞言語・社会領域

　　※　姿勢―運動領域は，対象児が4歳以上のため算出していない。

　○課題場面の行動観察

　　「慣れない様子は見受けられたが，課題全般に応答しようと努力した」。「与えられた課題に対して，一生懸命に努力しようとする様子が見られた」。

　○認知・適応の領域の発達

　　「形のマッチングに手順よく取り組むことができる」。「線，十字，丸などを例示があれば描くことができる」。「課題の枠組みがはっきりしていると取り組みがスムーズである」。「物を構成する際の手順にはぎこちなさがみとめられる」。「ひとりでは課題への取り組みの手がかりを得られないこともある」。「動きの中で解決することができるが自分を中心としての取り組みが弱い」。

　○言語・社会領域の発達

　　「物と物との関係を問うパターン的知識の応答に積極的である」。「形を見比べることができる」。「短い文の記憶ができる」。「数字の記憶課題に取り組むことが

できる」。「生活上の簡単な意図や欲求に応答することができる」。

③言語応答課題　6/10点

④保護者による聞き取りからの主な子どもの特徴

　○これまでの特徴に関すること

　　「場面における理解がスムーズではない」。「生活上，いろいろ変化して行く場面で不安な様子がうかがわれた」。

　○最近の変化に関すること

　　「日常生活を前よりも安定して送れるようになってきている」。「小集団，クラス集団において場面に慣れてきたのか，動きが安定してきている」。「身体を動かすのが，楽しい様子が見受けられる」。「最近では見よう見まねで自分なりにいろいろ取り組むようになってきた」。

⑤保育士による聞き取りからの主な子どもの特徴

　○これまでの特徴に関すること

　　「二者関係にとどまり易さが見受けられる」。

　○最近の変化に関すること

　　「集団の中でも過ごせるようになってきた」。「周囲への気づきを増やすような働きかけに応じることができるようになってきた」。「手先を使う活動でも手順を丁寧に指導することで，取り組むことができるようになってきた」。「一人ではまだ迷ってしまう事がらもあるので，どうかなと一緒に考えながら取り組みを促し，自分でがんばって行動することを楽しめるようにしている」。

幼児Bさんの事例

①「心の理論」課題

　a.「誤信念」課題　課題不通過

　b.「意図性」課題　課題通過

　　※　理由づけ質問は，選択肢の提示により正答する。

②発達検査（新版K式発達検査2001）

　発達年齢：全領域（3歳8ヶ月）　※　生活年齢（6歳3ヶ月頃）。認知・適応領域＜言語・社会領域

　　※　姿勢一運動領域は，対象児が4歳以上のため算出していない。

　○課題場面の行動観察

　　「入室時の歩き方は堂々としており課題への取り組み意欲もみとめられる」。「自

分はできないかもしれないと思うと回避的になり易い」。「気持ちの不安が高まると動きに逃げてしまう様子がみとめられた」。「不安になると自分の話を始めることが多い」。「目に入った物に対して動き始めたりして節目がつけにくい」。「物に興味を持ち，身を乗り出すこともあった」。「課題ができたかどうかが気になって不安になる様子がうかがわれた」。

○認知・適応領域の発達

　「教示だけでは課題理解が進まなくとも例示で取り組みが進むことがある」。「物の位置の調節を求められると弱い」。「パターン的な課題のほうが取り組みやすさがみとめられる」。

○言語・社会領域の発達

　「自分の身の回りの最も基本的な了解事項に応じる」。「パターン的知識を問う課題に応じることができた」。「短文を記憶することができた」。「声を出して13個を数える課題に取り組み全部でいくつかを応えられた」。「与えられた数の個数を選ぶ課題では3つまでならばできた」。「硬貨の名称をいうことができた」。

③言語応答課題　10/10点

④保護者による聞き取りからの主な子どもの特徴

　○これまでの特徴に関すること

　「言葉があまり出ない，なるべく話すように絵やカードを使う」。「こだわりが強い」。「気にいらないと物を投げたりしてしまう」。「行事参加では不安定になり易い」。

　○最近の変化に関すること

　「最近，平仮名を読んだり作業をしたりすることに慣れてきている」。「人のやっているのを見て憶えるようになってきている」。「園では情緒面で落ちついてきて行事に役割を取って参加するようになってきている」。「目標を決めて取り組むことが合っているのかもしれない」。

⑤保育士による聞き取りからの主な子どもの特徴

　○これまでの特徴に関すること

　「小集団の中でも情緒面が不安定なところがある」。「目で見て分かるような指示入れを工夫していた」。

　○最近の変化に関すること

　「保育者が丁寧にかかわることで，だんだんと状況に馴染む姿が多く見受けられる」。「全体への指示などでは，とくに目で見て分かるような指示を行うように工夫している」。

補足：保護者／保育士の聞き取りによる幼児ＡとＢの調査に至るまでの発達的状況

○幼児Ａは，乳時期からことばが余り出ないことが懸念されて，3歳頃に発達支援機関等に通うようになっていた。視覚的情報についての随伴的反応の良さも見受けられて，年少より幼稚園に通園し始めた年中児であった。通っていた園には家庭的な雰囲気があり保育者との関係を好んでいた。入園時より外遊びが多く，製作やダンスは苦手だったとされる。年中に上がり，本時には，他者からの働きかけに応じて「見よう見まねで製作にも取り組むようになった（保護者）」「お製作を積極的にやっていた（保育士）」「活動の展開が短いなら参加でき，集中するパワーはある（保護者）」，（気持ちが安定しているとき，取り組むことができる）などの様子がみとめられていた。

○幼児Ｂは，乳幼児期から発達の言葉の遅れや動きの多さから発達支援機関等に通い，その後も発達支援機関等への通いを継続しながら年中から園に入り，年長に上がった。この頃には情緒面で落ちつきが見受けられるようになっていた。次第に作業的な課題にも取り組めるようになって，符号などについても興味を持つようになっていた。行事参加場面でも，列の中に入って参加ができるようになった。役割が与えられると，思う通りの役割ではなかったとしてもそれに集中して取り組むことができる様子も見受けられていた。「目標を決めて取り組むことが合っているかも（保護者）」「（符号の類いを）読めてきている（保護者）」「丁寧に，ひとつひとつのステップを目で見ることで次に何をやるか分かるようになってきている（保育士）」などの時期であった。

考　察

〈1〉幼児ＡとＢの発達的特徴と「心の理論」課題との関連

1．幼児ＡとＢにおける課題

　保護者・保育者ら周囲の大人とのかかわりにおいても，「期待される行動の

伝達・指示の言語による了解がスムーズではない」,「設定された場面に落ち着いて参加することに時間がかかる」,「集団場面における全体への指示伝達の了解,行動形成に支持的かかわりを要する」など,場面に応じた適切な行動がとれない,ことばなどのコミュニケーションが取りにくい行動がみとめられていた。

2.幼児AとBの「誤信念」課題と「意図性」課題の結果と発達的状況との関連

　幼児Aは,「誤信念」課題に通過(「意図性」課題は不通過)している。一方,幼児Bは,「意図性」課題に通過(「誤信念」課題は不通過)している。生活年齢は,幼児Aは4歳9ヶ月,幼児Bは6歳3ヶ月であり,Perner, et al.(1987)のいう定型発達児が4歳頃から徐々に通過し始めるという年齢の範囲にすでに入っている。とくに「誤信念」課題は「知的推理」のみで解決できる可能性がある(Happé, 1994)とされることから,幼児Aは,その知的推理に関しては準備されていたことが考えられる。一方,幼児Bは,「意図性」課題のように,主人公の社会的状況に巻き込まれた課題のストーリーの理解が可能になっているが,誤信念課題のようにここでの状況を自分から切り離すことには困難を抱えると考えられる。

　幼児Aは,すでにもっていた視覚的認識の強さに限定されない,自己の周囲への気づきの育ちが起きてきていたことが考えられた。仮に時系列的な課題構造理解には未熟さがあったとしても,課題指示への反応性の高まりから課題質問に呼応することで課題状況との接点を見つけ,質問にも応じることが可能になったものと考えられる。しかし,「意図性」課題では,他者の信念の理解に基づきながらも物と物との関係を比べる解答が求められている「誤信念」課題と異なり,対人関係という社会的相互作用を反映する文脈に基づいた課題構造とアクセス・ポイントを見つけて自己との関係を成立させることはできなかったのかもしれない。「一人ではまだ迷ってしまう事がらもあるので,どうかなと一緒に考えながら取り組みを促し,自分でがんばって行動することを楽しめるようにしている」という保育士からの聞き取りからも読み取れる。

　幼児Bは,「心の理論」課題の代表的課題である「誤信念」課題の根底の問

いに応じられなかった。ただし，最近の発達的変化には，個別ならば継続的な作業もできることも上げられてきている。とくに支持的，また，個別的な配慮がある集団の中でならば役割取得も可能な姿が浮かび上げられている。園の集団関係の中でも役割取得が可能になってきており，入園以来の園との関係の中で培かわれた育ちが見受けられていた。幼児Ｂは，日常の社会的生活集団の支持的関係における役割体験の積み重ねの中で，「意図性」課題の通過にも至ったと考えることができる。幼児Ａと幼児Ｂは，それぞれの生活年齢における同年齢の集団で過ごせるようになってきており，「心の理論」の課題通過においても，それぞれに参加する集団体験がもたらす影響のあり方の重要性が示唆された。

まとめ

1．課題通過時期について

　幼児ＡとＢともに，園や発達支援機関等の環境では，集団における自己の位置づけ，他者との関係づけが支持的に構成された構造的環境がつくられていた。指示出し面でも小さいステップを設けるような工夫がなされるという場面が設けられていた。それに併せて，園生活では同年齢の集団体験を得ていた。個別の発達検査課題等による領域別ベースラインが3歳前後を満たす時期から，自己周囲との豊かな関係体験が可能になっている時期に入っていったことが考えられる。

2．課題場面状況と接点を持つこと

　自己以外の他者とコミュニケーションをとることが可能になっている時期にあることで，「心の理論」が形成されてきていることが考察される。この変化は，「心的状態は外的状況に接して生じた外的行動の原因であるという理解が，乳児期からの物理的な因果関係の理解と心的な世界との統合により4歳頃でき

るようになる（Leslie, 1988）」という変化と関連していると考える。自己が心を持った存在であること，そして自己が状況にかかわる主体であるということ，主体である自己の外的行動が状況に変化を与えるということへの気づきがみとめられると考えられる。

3．課題状況に入り応じるための足場作り

それぞれの課題遂行過程において外的対象と内的表象との関連の中での課題解決に取り組むために必要になってくる。しかし，何らかの集団適応上の課題を持つ場合，「設定された場面に落ち着いて参加することに時間がかかる」，「集団場面における全体への指示伝達の了解，行動形成に支持的かかわりを要する」などの特徴が上げられる。しかし，本研究における幼児AとBの場合には，日常生活での保護者との関係と，園生活における人間関係との間に位置づけられる発達支援機関等での専門的に構造化された小集団体験を得ており，足場づくりが可能になってきている知的水準の比較的高い高機能の自閉症児・者でも課題を通過しない実証的研究（e.g., Baron-Cohen & Rowles, 1985）が示すように，「心の理論」形成に必要な発達機能的要因は，中枢機能と関連する生理学的，心理学的，行動学的要因が関連するものである（cf., Frith, 2004）。特定の知的能力の発達に限定的ではない多元的な生活体験が，幼児期の子どもの「心の理論」形成とコミュニケーションの変化の支援のモデルの基盤となる。

4．初期社会的認知発達における情報伝達意図の理解

幼児AとBはともに，保護者によるかかわりのほか，園や発達支援機関等における支持的指導的関係にある大人との指示を出す－指示を受けるという関係，また，他の子ども同士との関係も日常的に体験していた。そのような多元的日常体験を通して，言語能力や課題解決方略の偏りや弱さを補いながらの相互作用的な関係体験がなされていたと考えられる。その相互作用の過程では，

Tomasello（1995）によって「心の理論」の先駆体であると位置づけられている共同注意行動（定型発達児12ヶ月以降でもなされる）の育ちとの関連も考えられる。本事例の幼児にも子ども自身の指さししたものを他者が見ているかどうかを確認するなどの情報伝達意図に関する認識の育ちが，多元的日常体験の中で育まれている。これらの社会的相互作用のプロセスにおいて，外的対象と内的表象を関連づけるための共同注意行動が意識的に行われたり，主人公の課題状況に身を置いたりする社会的役割視点取得の能力が促され，「心の理論」課題が求めている反応を行う体験が学習されたことが考えられる。これらは，「Tomasello, et al.（2005）による初期社会的認知発達理論に基づいた自閉症児の発達初期の社会性発達アセスメントに基づく支援もこのような必然性の中で行われて来ている（長崎ら, 2009)」とも共有される体験を含むものであったと考えられる。

第4節　幼児の「心の理論」と感情理解の発達【研究8】

【研究8】
他者理解の発達における感情理解と言語的能力，および社会性との関連性──前操作期終盤に着目して──

問　題

　私たちは，他者がしていることを見て，我が事のように感じることがあるだろう。行動のミラーリング（一般にコミュニケーションをとっている相手の非言語的な態度やよく使う言葉づかいなどを模倣することをいう）は，共感，模倣による学習，他者の意図の理解など，さまざまな認知機能にとって極めて重要であると考えられて，社会的認知の理解に大きな影響を与え，自閉症や言語の進化，さらには人工知能の領域の発達の研究にも示唆を与えている。しかし，私たちが他者の行動を見ることで，あたかも自分自身が取っている行動の

ような反応をすることと，他者の心の状態を理解するということは必ずしも同じではない。他者にも自分と同様に「心」があることを理解して他者の心的状態を理解することは，社会的環境のなかで他者との関係を築くうえで重要な役割を果たしている。

Premack & Woodruff（1978）は，自己および他の個体の意図や信念などといった「心」の状態を理解することができるならば，それは「心の理論」を持っていることになるとした。その後，「心の理論」のパラダイムは，心の哲学，比較心理学，神経科学，精神病理学，行動科学，脳科学，ロボット工学，経済学，文学理論など数多くの分野において展開されてきている。近年の生涯発達の観点からは，成人期・高齢期の研究，そのほか，精神疾患者事例における脳機能の賦活化関連の神経生理学的研究（e.g., 千住, 2012）など，臨床心理学関連領域での研究においても展開されている。

「心の理論」パラダイムによる発達心理学の研究では，人は，心をもち，それはその人の信念，欲求，情動，意図の総体であると想定し，この想定を用いて，なぜ人がそのように行為するのかを説明し，何を行うか予測することができると考えられている。「心の理論」パラダイムによる幼児期の発達心理学の研究において，調査参加者である子どもに要求されるのは，与えられた情報や条件の中で，仮想的な登場人物の心の動きを観察して情報処理し解釈するという表象（representation）操作である。「心の理論」の課題として，大変良く知られている課題に，「誤信念課題（False Belief Task）（e.g., Wimmer & Ferner, 1983）」がある。この課題に，3歳頃の子どもは誤った回答をするものの，4歳頃から正答し始めて，5，6歳から7歳頃にかけて充分に応えられるようになる（e.g., Flavell, 1999）。つまり，就学前児の段階では，他者の心の理解について信念の新しい概念，心的表象，一般的な表象などの不足が考えられる（Flavell, 1988; Ferner, 1991; Gopnik, 1993; Wellman, et al., 2001）。「心の理論」の発達的影響要因については，実行機能（executive function），言語，文化などの関連要因が示唆されている（e.g., Frye, et al., 1995; Carroll & Russell, 1996; Hughes, 1998; Ferner & Lang, 1999; Carlson & Moses, 2001; 小川・子安, 2008; 東山, 2012; 古見・子安, 2012; 古見, 2013）。実行機能とは，モニタリングや思

考や行動の制御を行っており，自己統制，抑制制御，プランニング，注意の柔軟性，エラーの修正，欺き，干渉への抵抗などを含むと考えられている。たとえば，「心の理論」の課題には，実体的な心的表象を選んで，現実に目立った側面を抑制することを子どもに求める課題がある。実行機能は，「心の理論」の能力の表出や出現に影響を与えると考えられている（Russell, 1996; Carlson & Moses, 2001）。また，言語は，「心の理論」の代表的課題である「誤信念課題」と有意な正の相関がある（e.g., Astington & Jenkins, 1999）。そのため，子どもを対象とした研究では，言語を発達差の統制変数として，言語能力の課題に語彙課題を用いることが少なくない。語彙課題は，パターン的知識でも正答が可能な側面をもっている（ピアジェの問答法による研究では，文脈の読み取りが求められる言語能力も求められる）。そのため，定型発達児が，誤信念課題に直観的に応答するのにもかかわらず，自閉症児は知的に理解して正答することがある（Happé, 1995; 別府・野村, 2005）。このような他者の意図の読み取りに困難を生ずることについては，文脈の情報を統合させて意味を読み取ることの障害だとされる（e.g., Happé, 1997）。

　「心の理論」の発達の関連要因については，実行機能，言語発達の観点から多数の検討が進められてきているが，いまだ明らかにはされておらず，他者理解の研究は，従来の「心の理論」課題からだけではなく，感情理解の側面からの検討も展開されてきている。そのなかで，「心の理論」の課題成績と感情理解の課題成績は発達的に異なる関連性も示しており，他者の心的状態の理解の発達に異なった側面が存在する可能性が示されている（Dunn, 1995; Cutting & Dunn, 1999; 金崎, 1997; 東山, 2001）。「心の理論」研究にも他者理解に関して「Hidden emotion（他者が実際の気持ちと異なる表情をすることがあるかを判断）」という指標（e.g., Wellman & Liu, 2004）があるが，他者が実際の気持ちと異なる表情をすることの理解は，言外の意味把握などの社会的文脈理解の発達に関連する。表情の理解は，「心の理論」発達と感情理解の発達の両方に関連しているが，「心の理論」発達と感情理解の発達とは異なる道筋で発達していることも示唆されている（Cutting & Dunn, 1999）。そのため他者の心の理解の発達については，両者の関連を調べる研究がなされてきている。本

研究では，他者の心の理解の発達に関する多面的理解を進めるため，因果推論が可能になり始めた前操作期終盤の5，6歳児の一般化された他者の感情理解の発達と，言語的能力の発達との関連，および，社会性の発達との関連を検討し，分析・考察する。

目 的

　他者の心的表象の操作がある程度可能であり，その発達的変化の過程にある前操作期終盤の5，6歳児（ともに年長児）において，仮想的場面における感情理解の発達差があるかどうか，および，言語的能力の発達，社会性の発達との関連があるかどうかを，つぎの予測をもって探索的に検討する。1. 年長児は前操作期段階終盤であるため，正答率は，想定場面，一般的他者，それぞれの概念的な理解の困難さと関連するだろう。2. 年長児の年齢高群（H群）と年齢低群（L群）では，ピアジェの前操作期段階終盤の認知発達的変化が著しい発達期にあることから言語的能力得点の差は大きいだろう。それに比べ，年長児は生活体験の共有性が高い同じ「年長クラス」に属することから，感情理解の発達差は小さいだろう。3. 年長児の発達段階では，他者の個別的な感情理解と社会性の発達との関連はあまり見られないだろう。

方 法

　調査参加者：幼児（A園年長児）33人を年齢高群（以下，H群）14人，年齢低群（以下，L群）19人とした。幼児は，個別に言語的能力課題，感情理解課題に取り組んだ。保育者ベテラン保育者1人だった。保育者は幼児の社会性の発達に関する質問紙に回答した。調査時期は，1月〜3月。

手続き

事前にカード選択によって表情理解を応答するための課題を行った。「この

お顔は○○の気持ちを表しているお顔です」と提示した後，6枚のカードを提示して，「このなかで，○○の気持ちを表しているお顔はどれでしたか。指でさしてください」と尋ねた。

感情理解課題（本課題）

　本課題は，仮想的な「場面1」と「場面2」によって構成した。

○感情理解の課題について〔課題〕場面想定法による2場面について，「表情カード（Expression Card, Success Bell社製）」のうち，他者（ストーリーの主人公）の表情を6枚から1枚を選択するカード選択方式。

○場面は運動会の前と後になる。表情カードについては，よく知られる基本感情カテゴリー（e.g., Ekman & Frisen, 1978）を参考に課題内容に合わせて，「驚き」「喜び」「嬉しい。達成」「嫌悪」「恐れ・緊張」「悲しみ」の表情カードを用いた（正答1＝2点，正答2＝1点，それ以外＝0点）。

　「場面1」の正答1は「恐れ・緊張」，正答2は「嫌悪」，「場面2」の正答1は「喜び」，正答2は「嬉しい。達成」だった。

○「場面1」：運動会（かけっこが競技種目にある）の前日。教示：「明日は幼稚園の運動会です。クマさんはかけっこで転ばないかと心配しています。いま，クマさんはどんな気持ちかな。クマさんの気持ちを表しているカードを選んでください」。

○「場面2」：運動会当日のかけっこの後。教示：「さて，つぎの日，運動会のかけっこが，無事終わりました。いま，クマさんはどんな気持ちかな。クマさんの気持ちを表しているカードを選んでください」。

言語的能力の課題

　田中・ビネーⅤより一部抜粋した「心の理論」発達との関連が示唆された課題（小沢, 2018）を用いた。類推思考に関連する4項目（反対類推3項目・共通点1項目）と短期記憶に関連する4項目（数詞の復唱2項目。数詞の逆唱2項目）を分析項目とした。

　　※　ビネー式の知能検査は，ビネーが知能を一つの統一体として捉えた知能観に基づ

いて開発されている多角的な総合検査である。一般的な知能検査としての施行において子ども自身も負担が少ないとされている。

社会性発達の課題

　社会性発達の測定を保育者の協力を得て行った。保育者は，年長幼児を入園以来よく知っているベテラン保育士であった。質問項目は，幼児の園活動における行動についての7項目だった（4段階評定：「まったくあてはまらない」，「あまりあてはまらない」，「ややあてはまる」，「非常にあてはまる」）。社会性発達尺度は，「社会的スキル」得点と「人気度」得点により構成される教師評定用尺度を用いた（cf., Eisenberg, et al., 1993; 森野, 2005）。○「社会スキル得点（4項目）」：「①たいていお行儀がよい」，「②場面に応じてたいてい適切に行動できる」，「③自分の言動が原因でよくトラブルをひきおこしている（逆転項目）」，「④他者への働きかけや応答の仕方が同年齢の子どもたちに比べてとてもすぐれている」。○「人気得点（3項目）」：「①ともだちをつくりにくい（逆転項目）」，「②たくさんのともだちがいる」，「③同年齢の子どもたちから好かれている」。

結果と考察

1．感情理解と場面1，2

　「場面1」，「場面2」とも，チャンスレベルの期待値（5.5人）を超えた。「場面2」は，「場面1」よりも，正答とした特定の表情への選択人数が集中し，「場面1」と「場面2」の得点間には有意な差が示された（$p < 0.05$）。具体的行動を伴わない／伴う経過的段階での他者の心の状態の理解の難しさが違った。5，6歳児でも具体的行動が伴う想定場面では，多くのことが理解できること，具体的な行動を伴わない場合の他者の理解では，より多くの場面の情報が必要であることが考えられる。

　また，カード選択者ごとの特徴としては，「場面1」「場面2」とも，「悲しみ」のカード選択者は，言語的能力得点H群のみであることがあげられた。

「場面1」，「場面2」とも，それぞれの「表情」選択の頻度の偏りが示唆された（$p<0.1$，$p<0.05$）。「場面1」と「場面2」でも「驚き」の表情カードを選択したものは誰もいなかった。

2．言語的能力の発達に関連して

　学童期以降等の習熟度別クラスを想定して，年長児クラス内の言語的能力得点のH群とL群とした〔H群：12人（男子5人，女子7人），L群：21人（男子15人，女子6人）〕。また，統計的には，M±1SDを高低の閾値にするのが一般的であるが，一定数の各群の人数を確保するため1/2SDを採用した群分けによる〔H〕群の〔L〕群の結果を付加する。〔H〕群と〔L〕群では，言語的能力，および類推思考と短期記憶に有意な差が示された。

　年齢〔H〕群と年齢〔L〕群では，言語的能力の類推思考と短期記憶，それぞれの平均得点と有意な差が示された（いずれも，$p<0.01$）。年長児（5歳11ヶ月〜6歳9ヶ月）の年齢範囲でも，言語的能力の一定の発達差が認められた。言語的能力の下位カテゴリーとした「類推思考（4項目）」，「短期記憶（4項目）」のどちらかだけに発達差が見られるのではなかったが。しかし，感情理解と言語的能力の関連性は明らかにならなかった。ただし，「場面1」では，「恐れ（緊張）」選択／非選択群と，「社会性発達」得点のうちの「同年齢の子どもたちから好かれている」の関連が示唆された。

3．感情理解，言語的能力，および社会性の発達

　年齢との相関関係では，類推思考のみが，ある程度，強い相関を示した（$p<0.05$）。感情理解，言語的能力（短期記憶），社会性発達（社会的スキルと人気度）の各項目は，年齢と弱い相関を示した。類推思考は，短期記憶とある程度の強さの相関を示していた（$p<0.10$）。また，言語的能力（H群／L群），性別（男／女）を制御変数とした際の偏相関分析の結果，言語的能力の類推思考のみと，社会性発達と，社会性発達の人気度との間で有意傾向を示した（$p<0.10$）。場面ごとでは，「場面1」で，正答とした表情カード（正答1：「恐れ（緊張）」）の選択群と非選択群の間で，「社会性発達」の得点の「同年齢

図5-4-1　年齢と感情理解，言語的能力，社会性発達との相関

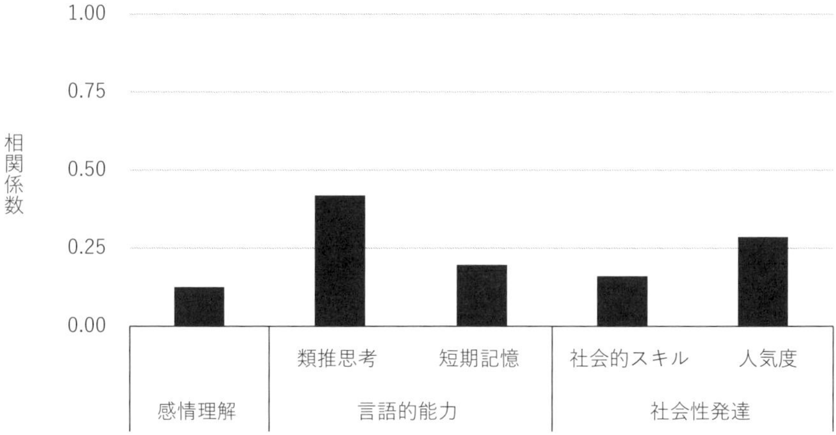

の子どもたちから好かれている」に有意な差が示された（$F = 4.89$, $p < 0.05$）。しかし，感情理解得点と言語的能力得点，社会性発達得点とでは，短期記憶のみと弱い正の相関を示した。

まとめ

　幼児は，一般化された他者を対象としたものよりも，具体的な他者のほうが，より早期に怒りと悲しみの原因について区別を行えると考えられている（Dunn & Hughes, 1998; Hughes & Dunn, 2002）。表情の理解は，「心の理論」発達と感情理解の発達の両方に関連しているが，「心の理論」発達と感情理解の発達とは異なる道筋で発達している（Cutting & Dunn, 1999）。本研究でも，年長児間の想定場面による他者理解の発達差は示されなかったが想定場面の具体的イメージの明確さと正答数との関連が考察された（予測1）。また，年長児間での言語的能力と，想定場面においての一般的他者の感情理解は直接的に関連しないことが示唆された（予測2）。これまで，他者理解に関する課題としての「心の理論」と社会性の発達に関し，5歳以上では，「心の理論」が発

達していると「人気がある」傾向であることが報告されている（Slaughter, et al., 2002）。森野（2005）によれば，「『心の理論』が発達している者ほど，社会的スキルも高いという傾向（年長）が確認された。また，有意傾向だが社会的スキルも高い（年中）ことが確認された。この傾向は，感情理解が発達している場合にみられなかった」という。本研究では社会性発達が必ずしも他者の感情理解と関連しないことが示唆された（予測3）。

　今後の課題はいくつかあげられる。まず，幼児の対象年齢の範囲を広げて人数を確保することである。また，場面想定法を用いたが，より具体的な他者（たとえば，イラスト，人形）の他者特性との関連も検討したい。他者理解の要因として感情理解と言語的能力は幼児の回答から，社会性発達は（対象児を縦断的に理解する）保育者一人の立場からの回答であったが，想定場面と日常場面という回答のための場面間の質に相違があった。感情理解と言語的能力，感情理解と社会性発達との関連性を同質の場面設定で比較する必要がある。そのうえで，発達期における「心の理論」の発達と感情理解の発達との各々ルートの特徴を明らかにし，発達的支援における提案をしていくことも課題となった。

第6章

総合的考察

第1節　空間的視点取得の発達過程に生ずるシステムとは

第1項　領域固有性から領域普遍性へ

　子どもの空間認識を研究する Piaget & Inhelder（1948）の追試研究では，1970年代以降，空間認識のピアジェ理論による発達段階の非妥当性に関する主張や，空間認識における自己中心性の概念についての批判的研究が多くなった。そこでの代表的主張は，"年齢にふさわしい課題を提示すれば，知覚的役割取得能力を示す(e.g., Borke, 1975)"であったといえる。一方，思考の領域特殊性（固有性）の典型例として知られている。このような論争の中で，特定領域の特殊性からは完全に抜けきれていない発達段階では，対象者に即した課題の具体性や熟知性を操作することで課題解決を容易にすることの効果が論じられたと考えることができる。中垣（1987）は思考の領域普遍性を主張し，内容の身近さ，行動文脈といった要因によった正答数の増加という結果は，それらの要因が課題の性質を変化させた結果であることを主張した。中垣（2011）は，ピアジェの発達観は認知発達の領域固有性と領域普遍性の対立を止揚した弁証法的発達観であるとしている。領域普遍性の認知発達を獲得するまでのピアジェの4つの発達段階のうち，幼児期にあたる発達段階（第2段階の前操作期）は，自己の「見え」と，一旦，分離された「見え」の獲得のための段階となる。そのため内容の身近さ，行動文脈など，推理や判断が直観作用に依存しているため知覚的に目立った特徴に左右されやすいため，知覚的束縛との葛藤事態では知覚的特性が優勢となると論じられている。先述してきたように（たとえば，第2部第2章第1節），Piaget & Inhelder（1948）を端緒とする研究では，対象者にとって課題要求が心的操作の未熟な発達段階では，課題の具体性，熟知性，あるいは，課題の身近さ，行動文脈の要因などが，回答に影響を与えるといわれてきた。そして，そのために生ずる Piaget & Inhelder（1948）への追試的批判研究の結果のばらつきは，子どもが領域固有性から領域普遍性への移行過程において課題との関係性が，たとえば知覚的束縛との葛

藤状態で知覚的特性が優位になるように極端に変動すると考えられる。

第2項　レベル1－レベル2の発達仮説

　幼児の空間的知識の理解について，Flavell らは，少なくとも2つの発達段階があると仮定している（Flavell, 1974, 1978; Lempers, et al., 1977; Masangkay, et al., 1974）。レベル1は，適切な手がかりがあれば，他者がどのようなものを見ているか，見ていないかを推測することができる。レベル2では，自己と他者の両方に同時に「見え」ている物体であっても，「見え」が異なれば，自己と他者の空間的知識が異なることを知っているというものである。同様にHughes（1975）の独自の発達もモデルにおける「投影（projective）」がレベル1，「視点（perspective）」の能力がレベル2の空間知識に対応していると論じ，空間認識の発達水準としてのレベル1－2仮説が多くの研究が一致していることを報告している（Coie, et al., 1973; Flavell, et al., 1980; Flavell, et al., 1978, Hughes, 1975; Lempers, et al., 1977）。さらに，Flavell, et al.（1981）は，3歳児を対象として，レベル1の知識を必要とする課題では非常に良い結果を出すが，レベル2の知識を必要とする課題では非常に悪い結果を出すことを再現した。日常生活に応じたデザインでも成績が上がらないことを示し，再テストや再テスト後の短期間のトレーニングでは，レベル2を習得することがほとんどできなかったことを示した。したがって，2つのレベルの違いが作為的で些細なものではなく，本物で強固なものであることを示唆しているとして，レベル1－レベル2の発達仮説を論証している。

第3項　空間的視点取得の生涯発達と「引き剥がし（detachment）」

　Piaget & Inhelder（1948）の「3つの山問題」は，その後の研究において，「代理」視点をある状況における他者として見立てた場合，より幼い時期からの他者の視点取得が可能であるという数多くの批判的追試研究が提出されるなかで，1980年代以降に興隆した「心の理論」研究によって幼児の他者理解研

究が盛んに行われるようになった。そして，Piaget & Inhelder（1948）の「3
つの山問題」の空間的視点取得の発達に関連する研究潮流の推移について，渡
部（2020）は次のように論じている。「当時，最も大きな壁として立ちふさ
がったのは，視点とは何であるのかという根源的な問いであった」。そして，
発達心理学が2000年前後からの脳科学や神経心理学など近接諸科学の急速な
展開によって，空間的視点取得では実際の身体移動が行われないにもかかわら
ず，運動に関連した脳領域との結びつきが示されつつあることの意義を説いて
いる。その理由として「仮想的自己の移動という比喩で示してきた働きを，脳
科学の観点から実証することに繋がるからである」といい，空間的視点取得に
要するのは，実際の身体移動，仮想的身体移動がそれぞれにあることを論じて
いる。空間的視点取得は，仮想的自己の移動であるとする主張の根拠として，
反応時間と視点の移動距離（あるいは移動角度）とが一次関数関係で示されて
いる（Diwadkar & McNamara, 1997; Kozhevnikov & Hegarty, 2001; Michelon
& Zacks, 2006; Rieser, 1989; 渡部, 2001）。そして，一次関数関係が心的回転
（mental rotation）時に観察されることをあげ，空間的視点取得とは，仮想的
自己を対象とする連続的な移動操作が存在することを示すものであるという仮
定をしたうえで，「心の理論」と関連させて，つぎのように論じている。自己
の身体を操る能力が発達につれて，自他の意識がより確かになり，初期の「心
の理論」が生み出されるが，視点の引き剥がし（detachment）機能は依然未
成熟であるため，体性感覚に身体表象が縛り付けられることによって，強い身
体性の影響が観察される。そのため，いかに適切な視点取得ができるかは，場
面や年齢によって異なる。引き剥がしとは生涯的に一定の法則に基づいた処理
能力であり（渡部, 2020），体性感覚から身体表象を切り離す視点の引き剥が
しを空間的視点取得の中核機能に据えることができる（渡部, 2022）。

第4項　空間的視点取得の発達におけるシステムとは【研究9】

　空間的視点取得の発達のシステムは，現在まで充分には解明されてはいない
が，3歳児頃までの固定的な水準とその後の年齢には発達差があること（e.g.,

Fllavel, et al., 1981）は，多くの研究が支持してきている。その後の児童期ま
での発達過程では，思考の発達の側面からは，領域固有性から領域普遍性へ向
かう思考の質的変容と緩やかに同期していると考えることもできる。また，身
体移動の影響は，Piaget & Inhelder（1948）の追試的研究のいくつかにおいて
これまでも論じられてきているが，渡部（2012）の引き剝がし概念仮説によ
れば，幼児期以降の視点取得はメンタルローテーション能力の発達と同様な表
象機能の発達を想定することができる。その表象機能の働きで重要な役割を果
たすのが身体依存，知覚的束縛から放たれた機能であり，それには，引き剝が
し作用が十全に働くことが転換点になると論じていると考える。空間的視点
取得の発達において，従来，3歳までのレベル1は，生得的な発達的性質に大
きく依拠していると考えられてきたが，4歳以降から児童期終盤までについて
は，「状況に応じた視点の引き剝がしが可能になってくると考えることができ
る（渡部, 2013, p.368, 下から6行目）」ことから思考と身体性の発達との関連
が示唆されている。さらに近年では，3歳よりも早期の乳児期後期あたりから
の身体性の影響があることも予想されている（Watanabe, 2022）。つまり，空
間的視点取得の4歳以降の発達を促すには，思考，身体性，いずれの能力も欠
かせないが，同時に働きかけるなどして葛藤体験を生じさせない，状況に応じ
た働きかけが期待される。さらに，脳科学領域からの知見を交えた渡部（2012）
による引き剝がし概念仮説によって，表象機能の発達の活性化に作用する働き
かけが，より有効である可能性が示唆されている。したがって，メンタルロー
テーションと近似する側面は持ちつつも，身体性との関連がより考えられる空
間的視点取得の発達過程に生ずるシステムとは，ダイナミックな様相を示すも
のであると考えられる。

【研究9】
ビデオゲームを用いた幼児の空間的視点取得
——２つのプロセスと“引き剝がし（detachment)”との関連——

１．問題

　空間的視点取得とは，自分と異なる別の位置まで視点を移動させて，そこから見えるはずの見えを思い描く心の働きのことである（Watanabe, 2003)。Watanabe（2022）は，視点操作のプロセスは，身体的自己からの表象的自己の生成と，それに続く表象的自己の移動操作（自己表象移動）に細分化されると予測し，“引き剝がし（detachment)”という過程を視点取得のプロセスの一つに位置づけた。引き剝がしとは，身体イメージを含む自己身体スキーマを通して，必ずしも身体イメージを必要としない自己表象を，身体的自己から生成するプロセスであるとした。引き剝がしとは，身体的自己から表象的自己が離れることであるとされるので，視点の客観性を高めることになる。一方，自己中心性（Piaget & Inhelder, 1956）は幼児期まで観察され，青年期以降はかなり減衰する（Rubin, 1973）ため，子どもは大人よりも困難な切り離しプロセスにあると考えられる。表象的自己の移動操作とする自己表象操作とは，切り離された表象自己を空間の別の地点に精神的に移動させることになる。それは，想像上の自己を操作する能力に依存する（Surtees, et al., 2013）。幼児，また，高齢者は，若年者よりも身体的コントロールが弱いため，表象自己の操作に時間がかかるはずである（Usui, et al., 1995）。Wraga, et al.（2005）は，補足運動野で現実の身体運動をシミュレートする際に生じる物理的制約が，表象自己の操作に現れることを報告している。これらの知見は，表象自己の操作と実際の身体操作が相同であることを示唆している。このような視点移動の過程を操作的に検討した例は，従来見られず，これらの予測を検証することは重要であると考えられる。

　そのため，Watanabe & Ozawa（2024）では，視点操作における切り離し動作と自己表象操作を分離する実験課題を用いたWatanabe & Takamatsu（2014）

が測定した視点操作時間を，さらに2つに分け，刺激提示から視線移動開始までの反応潜時（RL）の引き剥がしの時間指標として．自己表象操作の時間は，全視点操作時間からRLを差し引いた残り時間（RT）を算出して検証している。本稿では，Watanabe & Ozawa（2024）の幼児の空間的視点取得について取り上げ，引き剥がしの動作過程と自己表象操作過程の違いを検討することで，視点操作におけるこれら2つの過程の発達的特徴についてさらに検討する。

> ※　Watabe & Ozawa（2024）では，Watanabe & Takamatsu（2014）が測定した操作時間をさらに2つに分け，反応潜時（RL），全視点操作時間—RL（RT）を用いた指標によって，子ども，大学生，高齢者の違いを調べることで，発達の特徴を示し，視点操作における2つの身体化されたプロセスを実証することを目的としている。本稿は，Watabe & Ozawa（2024）（Watanabe M., & Ozawa H. (2024). Features of Two Embodied Processes in Spatial Perspective-Taking Across the Lifespan, *Open Psychology, 6(1)*, 16-24）で対象とされた参加者のうち，幼児の参加者に関することを取り上げ，その実施手順，および，データ分析について本稿の著者によって加筆し考察されたものである。

2．方法

（1）参加者　5〜6歳の幼児36人（男児23人，女児13人）。
（2）手続き　実験は個別で行われ，はじめに幼児が落ち着いて課題に取り組めるようにコミュニケーションをとってから開始された。幼児はディスプレイから約50cmの距離にある椅子に座った。幼児は安心して関心をもって課題に取り組めるように支持された。

> ※　ビデオゲーム課題のコントローラー（XaviX PORT：新世代株式会社，日本）は，参加者から約30cm離れた腹の高さに設置された。眼球運動は，TalkEye Lite（Takei Scientific Instruments, Japan）を用いて角膜反射によりサンプリングレート60Hzで記録された。

　ゲームでは，ディスプレイ上のキャラクターの子どもたちが家に入った後，そのうちの一人の子どもAが家の窓の左右どちらかに現れた後，その窓の下に隠れると，ゲームのプログラムにより「3，2，1」のカウントダウンが表示

図6-1-1　ディスプレイ上のビデオゲームにおける"かくれんぼ遊び"展開イメージ
（回転角度90°の例）

はじめに，手のひらバンドを装着して，
仮想手のひらをディスプレイ上で操作する

〈セッション開始〉

（1）キャラクターの子どもたちが家に入っていく

（2）子どもがどちらかの窓に立ち，その窓の下に
　　隠れる（左の窓の例）

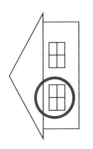

（3）スタートの合図とともに課題が開始されたら，手のひらを
　　ディスプレイに向け，解答の合図とともに子どもが隠れた側
　　のディスプレイ上の窓に○を投影する

された（3000ms）後，「スタート」の合図が音声とともに画面に表示された（1000ms）。幼児はディスプレイ上で仮想の手のひらを移動させて，隠れている子どもAを見つけるよう求められた。練習後，家は無作為にゲームのプログラムで設定された角度ごとに回転した（回転角度は，45°，90°，135°，180°，225°，270°，315°。反時計回り）（図6-1-1参照）。

　家の回転に要した時間は，180°の場合で最大300ミリ秒を要した。参加者はビデオゲームのセッションを2回プレイした。2回目の試行はその結果が不十分でない限り採用され，2回目の試行が失敗した場合は1回目の試行のデータが代用された。反応潜時（RL）は，画面上に回転した刺激が提示されてから注視点の移動が始まるまでの間隔である。表象自己の心的回転の平均反応時間（RT）とし，スタートの合図からプレイヤーの手のひらがディスプレイ上に置かれるまでの経過時間からRLを引いた時間，つまり全視点操作時間—RLとする。

3．結果とまとめ

　図6-1-2に，各回転角度における，表象自己の心的回転の平均反応時間（RT; ms）と各回転角度の平均反応潜時（RL; ms），および，表象自己の心的回転の平均反応時間（RT; ms）の近似2次式（最大値を1800と推定；$y = 1800 - 0.085 \times (180 - \text{Rotation degree})^2$）を示す。

　データ処理の最初のステップにおいて，Watanabe & Takamatsu（2014）に従い，45°から180°までの回転角度を独立変数，反応時間を従属変数として，各々のデータについて最小二乗法による一次式が算出された。その際，45°から315°までの7ヶ所の平均反応時間は，180°付近をピークとする丘状の曲線を示したため，180°以上の回転角度に対応するデータは180°未満の角度に対応するものに含められた最終的なサンプルは25人の参加者で構成された（平均値から2.5標準偏差以上の勾配値は，幼児が一時的に課題から逸脱している可能性を減らすために外れ値として扱われた。外れ値のあった参加者5人のデータは分析から除外された。負の勾配値を持つ3人も分析から除外された。

図6-1-2　各回転角度における，表象自己の心的回転の平均反応時間（RT; ms）と各回転角度
　　　　　の平均反応潜時（RL; ms），および，表象自己の心的回転の平均反応時間（RT; ms）
　　　　　の最大値を1800msと推定した近似2次式 $y=1800-0.085 \times (180-\text{Rotation degree})^2$

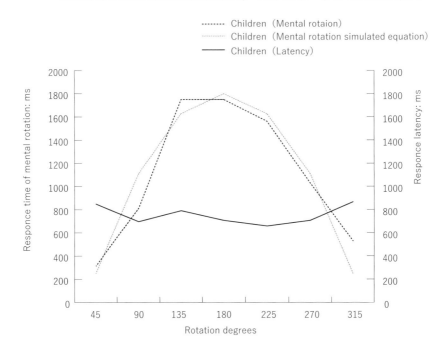

さらに，参加者全員が課題の手順を理解している可能性を高めるため，9点満
点中5点未満の参加者3人のデータが分析から除外された）。

　表象自己の心的回転の平均反応時間（RT）の値は，7つの回転角度におけ
るRLの平均値を各回転角度における反応時間から差し引き，表象自己を切り
離した後の各位置への心的回転の反応時間（RT）の値として作成された。平
均値の値範囲は，反応潜時（RL）は，600〜900ms，反応時間（RT）は，300
〜1800msだった。データ分布は，反応時間（RT）は，135°および180°付近
を丘状の曲線を示したのに比べると，反応潜時（RL）は，約200msという狭
い範囲に直線状に定められている。そして，反応時間（RT）は，回転角度の
ポイントが45°から90°へ，90°から135°へと，その対となる回転角度のポイ

ントが，225°から270°へ，270°から315°への増減幅が500〜1000msであるのに比べ，135°と180°と180°から225°は200ms程度である。

　上述の幼児のデータ特徴からつぎの点を考察する。（1）幼児が対象の正面に座っている0°位置である自己の位置に近い位置である45°と315°では，他の回転角度に比べて，幼児でも身体制御の負担が他の回転角度に比べて軽減されるため，身体的自己からの表象的自己の生成における負担が少ないことが考えられる。そこで，回転角度による身体制御の課題要求が強弱は，反応潜時（RL）に及ぼす影響よりも，表象自己の心的回転の平均反応時間（RT）に影響を及ぼすのではないかということが考えられる。そして，（2）引き剝がしとは，身体イメージを含む自己身体スキーマを通して，必ずしも身体イメージを必要としない自己表象を，身体的自己から生成するプロセスであるとしているが，このことについて，つぎのように考えられる。反応潜時（RL）それ自体の時間の長さは，回転角度の影響をある程度受けうることがある。しかし，それは，同年齢水準であれば一定の範囲にあると考えられる。したがって，表象自己の心的回転の平均反応時間（RT）は，一定の反応潜時（RL）の時間内に生成される引き剝がしの質的水準によって変動されるのではないかと推測することができる。

　なお，最後になるが，引き剝がしが，視点取得を構成する重要な要素であり，視点取得の構造を明らかにするための重要な指標であることを立証するためには，ここでは取り上げなかったが，Watabe & Ozawa（2024）で論じられているように理論的な証拠との詳細な照合を明示することを要するなどの課題がある。また，注視点を指標とした心理方略を規定した例はないので確認が必須である。そして，今後の最も重要な課題としては，本ビデオゲームを用いた視点取得課題は，Watanabe & Takamatsu（2014），Watanabe（2016）において空間視点取得方略を用いる可能性が高いことが実証されている。しかし，また，成功が精神的な回転能力による可能性があるかないかの再検討とともに検証する必要がある。それによって，より汎用性の高い視点取得理論を構築できる可能性が高まることは間違いないと考えられる。

第2節　他者の心の理解における2つのシステム【研究10】

【研究10】
「心の理論（Theory of Mind: ToM）」の概念と2つのシステム

1.「心の理論（Theory of Mind: ToM）」パラダイムによる発達研究の展開

　1980年代以降，幼児期における「心の理論」の発達的変化をもたらす要因を検討，1990年代には，誤信念課題に正答する以前の発達早期の乳幼児が，他者の意図や信念を理解していると考えられる知見が得られるようになる。Woodward（1998）は3ヶ月から9ヶ月の乳児を対象とした研究で，馴化時と同じ手の動きで異なる物体を摑んだ場合に，馴化時とは異なる手の動きで同じ物体を摑んだ場合よりも強い脱馴化が生じたことを報告している。Onishi & Baillargeon（2005）は，不意の移動についての注視時間を指標として，15ヶ月児は，すでに「心の理論」の表象を（原初的で暗黙のものかもしれないが）持っているとしている。Ruffman, et al.（2001）は，3歳児を対象として，「サリーとアンの課題」と同型の課題を実施した際，明示的な質問には誤答するが，幼児の視線は，正答のほうを向いていることを報告している。これらの報告は，乳幼児期の子どもたちが，明示的な質問には正反応を示すことができないが，他者の心を潜在的には理解していることを示唆するものとして解釈される。したがって，乳児期から幼児期にかけて，他者の誤信念を明示的に表現できるようになるには，言語，行動制御の能力の発達が併せて必要であると考えられるようになった。言語能力と誤信念課題の間には正の（中程度の）相関が認められている（e.g., Astington & Jenkins, 1999; 小川・子安, 2008）。また，行動制御の能力は，実行機能のとくに抑制制御との関連が考えられるようになった（e.g., 森口, 2008; 小川・子安, 2008）。

２．人生早期からの「心の理論（Theory of Mind: ToM)」研究の展開と課題

　2000年代になると，それまでの幼児期を中心とした研究から，研究対象年齢の幅を広げ，それらの発達プロセスから，「心の理論」のシステムについて論じられるようになる。2000年前後からの「心の理論」の研究では，2歳未満の乳幼児が，暗黙的な誤信念課題を通過するという報告もなされるようになっている（e.g., Moriguchi, et al., 2018)。アイトラッキング（視線計測）の研究機器を用いて，対象者が「どこを・どのように・いつ見るか」を心的状態の推論の指標とする研究も数多く行われ，対象者の注視時間や予測的注視を測定することで，「心の理論」の暗黙的・自動的な反応形態は，それ以前に想定されていたよりも生後早期に発達することが示唆されている。一方，この暗黙的・自動的な反応の形態の「心の理論」の発現についての非再現性の増加も示される（e.g., Dörrenberg, et al., 2018)。幼児に用いられてきた伝統的な「心の理論」課題で，言語による明示的な反応形態は再現性が高く，測定法の収束的妥当性を示すとされてきたが，新しい手法による乳幼児の報告では，再現研究の検証，測定法の収束的妥当性の検証は，課題における乳児の行動の解釈に関する議論とともになされるようになる（e.g., Crivello & Pulin-Dubois, 2018)。

　その後，発達の早期から暗黙的な視点取得が可能であるという報告の再現性についての信頼性が問われるなかで，暗黙的・自動的な反応を伴う「心の理論」のシステムは制限付きの現象であるのか，それとも，明示的な反応を伴う「心の理論」のシステムと発達早期の暗黙的・自動的な「心の理論」の2つのシステムが存在するのか——という論議が展開されるようになった。Kulke, et al.（2019）は，刺激に新たなバリエーションを加えて，予期的注視による「心の理論」課題の概念的な追試を行ったが，自動的な反応を伴う「心の理論」の現実性と頑健性の信頼性を示さなかった。Wiesmann, et al.（2017）は，3歳児と4歳児を対象にして，暗黙的な水準の誤信念課題と明示的な水準の誤信念課題と，言語能力，実行機能との関連を調べている。その結果，暗黙的な水準の誤信念課題には3，4歳とも通過したが，明示的な水準の誤信念課題では3

歳児は不通過となり，4歳児で通過した。しかし，明示的な水準の誤信念課題は，言語発達上の構文機能と実行機能と相関したが，暗黙的な誤信念課題では両者の相関は見られず，明示的な誤信念課題と暗黙的な誤信念課題との間の関連は明らかにされず，4歳より前の初期の信念に関連した行動予測の脆弱性を示唆した。Wiesmann, et al.（2017）は，暗黙的な誤信念課題の基礎となる過程は，後に発達する明示的な誤信念理解とは異なることを示し，標準的で明示的な誤信念課題の通過には，暗黙的な課題とは対照的に，統語機能と実行機能が重要な役割を果たすことも示している暗黙的な誤信念課題では両者の相関は見られず，明示的な誤信念課題と暗黙的な誤信念課題との間の関連は明らかにされず，4歳より前の初期の信念に関連した行動予測の脆弱性を示唆した。Wiesmann, et al.（2017）は，暗黙的な誤信念課題の基礎となる過程は，後に発達する明示的な誤信念理解とは異なることを示し，標準的で明示的な誤信念課題の通過には，暗黙的な課題とは対照的に，統語機能と実行機能が重要な役割を果たすことも示している。

3．「心の理論（Theory of Mind: ToM）」の概念と2つのシステム

　信念の帰属についての問題の解明には，人が他者の心の状態を理解する能力の認知的構造について明らかにすることを必要としている。そのため2つのシステムのそれぞれについて，効率的なシステムと柔軟性のあるシステムを仮定している。効率的なシステムとは，幼児，子ども，大人に共通するもので，心の最小モデルを使用し，信念のような状態を追跡することができる。柔軟性のあるシステムは，発達的な変化を伴い，判断の内容に対して個人が反応や行動を決めるための精神的な準備状態としての構造をもつ心的状態を組み込んだ，ある観点をもって規準となるようなモデルを使用すると仮定されている。また，他者の心的状態を理解するには，社会的な知覚の速いプロセスと，反射的な認知の遅いプロセスの両方が必要であることが論じられている（Frith, C. D. & Frith, U., 2008; Apperly & Butterfilll, 2009）。

　Meinhardt-Injac, et al.（2018）は，これらのプロセスにおける特定の能力

の役割を検証するために，顔認識，全体知覚，言語，推論の能力の15の実験
手順で343人を調査した。そして，社会脳においてそれぞれの顔認識と言語が
役割を果たしていることを実証している。Wiesmann, et al.（2020）は，独立
した異なる神経ネットワークの皮質構造によって非言語的な「心の理論」の推
論は支えられ，また，言語的な「心の理論」は典型的に関与する前頭連合野と
側頭頭頂接合部の皮質の表面積と厚さによって支えられていることを報告して
いる。これらは，4歳前後で成熟する言語的な「心の理論」の課題と，早期の
社会的な認知プロセスの発達と関連づけられる非言語的な「心の理論」の課題
があることを示唆している。これらの研究では，2つのシステムが別々の認知
的社会的能力を利用していると考えられている。さらに「心の理論」の2つの
システムについて，それぞれの特異性を認めながらも，「心の理論」という一
つの概念のなかで，2つのシステムを説明しているのが，Carruthers（2017）
である。Carruthers（2017）は，2つのシステムの関係構造について，つぎの
ように説明する。2つのシステムの一つのシステムがもう一つのシステムを包
含しており，それぞれが利用できる概念的能力は一つである。

　そして，それは可能な限り自動的に作動するが，状況に応じて領域固有的な
実行手続き（たとえば，画像を視覚的に回転させて，他の人が何を見ているか
を把握する）や領域一般的能力（長期記憶と作動記憶の両者を含むもの）と一
緒に機能する必要がある。しかるに，今後の研究において，生涯にわたる「心
の理論」という概念とシステムを明らかにしようとしたとき，その研究計画は
より緻密で慎重であるべきだとされる（Warnell & Redcay, 2019）。Warnell &
Redcay（2019）は，「心の理論」の一貫性，発達に応じた変化を調べるために，
多様な「心の理論」課題を用いて，幼児，児童，成人における課題間の差，課
題間の関連を調べている。しかし，すべての課題でパフォーマンスに大きなば
らつきが見られ，どの年代でも「心の理論」の概念の習得には一貫性がなく，
部分的な習得にとどまることが多かった。どの年代にも行われた「心の理論」
課題（群）は最小限の相関しか示さず，課題水準の高低は直接的な発達的差異
との関連を見出されなかったのである。しかし，この結果は，ある意味で，他
者の心の状態の推測は，固定的な単一の概念的枠組みの中では起こらない可能

性を示し，また，他の能力と相互作用する多次元的なプロセスを有することと
捉えられるのではないだろうか。そのように考えるならば，Warnell & Redcay
（2019）は，Carruthers（2017）の説と相互に排他的ではないと考えることが
できる。

4．人が他者の心の状態を推測する能力，その生涯発達の視点

　いつ，どのように，暗黙的・自動的な「心の理論」課題の基礎となる他者の
心的状態を推論する「心の理論」の2つのシステムプロセスが位置づけられる
のか，また，それが後に発達する明示的な誤信念の理解や他の認知能力との関
係についても，いまだ解明されていない。そこには，現在まで展開されてきて
いる高齢者研究で明らかにされる内容が含まれているかもしれない。とくに，
高齢者は，他者の心的状態を意識的かつ明示的に処理する必要があるために，
他者の心的状態について，たとえば，意図や信念を問う課題で困難を感じるこ
とはよく知られている。人生の初期から児童期にかけて，その言語能力の発
達と同期するようにしながら，「心の理論」課題の解決能力は急激に上昇する
が，成人期には課題の提示法による個人差が検出されることが多い。しかし，
さらに，その後の加齢によって部分的に低下する認知的能力が，人生初期と中
期ではどのような影響をもつのか，あるいは，もたないのかが明らかにされ，
ヒトの認知的能力の発達の相互的関連性が明らかにされていくことは，他者
の心的状態を推測する心理的機能の解明に役立つかもしれない。Grainger, et
al.（2018）は，若年者と高齢者を対象に，真の信念と偽の信念の動画を受動
的に見ている間の眼球運動パターンをモニターする暗黙的な誤信念課題，およ
び，明示的な「心の理論」の測定も行ったところ，高齢者は若年者に比べて明
示的な「心の理論」処理能力が低下していたが，暗黙的な誤信念を処理する
能力は両年齢層ともに同等であったと報告している。この結果は，暗黙的な
「心の理論」の構成要素が成人期後期にも保存されていることを示唆し，加齢
に伴う自動処理の安定性と，より制御された努力を要する認知操作の低下を
強調する加齢の「二重過程モデル」の提案と一致するものと考えられる。こ

の高齢期の認知的機能の特徴は，社会的相互作用にも影響を及ぼす可能性がある。

　近年の「心の理論」という概念を伴った，他者の心的状態を推測する心的機能の発達における2つのプロセスについて，その是非を問う数多くの知見からは，つぎのような今後の課題が考えられうる。他者の心的状態を推測する能力において，ある一つの働きは，誕生から高齢期に至るまで保存されているが，その利用は課題状況に依存する制約を有する受動的な性質の能力であると仮定することができるだろう。そして，もう一つの働きは，定型的な発達の子ども個々における（実行機能，記憶などとも関連して発達している）言語発達や基礎的な身体的自己制御能力の発達と同期している，能動的な性質の能力をもつことを仮定することができるだろう。これらの仮定にもとづいた場合，「心の理論」という構成概念の発達的変化の過程に高齢期を位置づけることで，幼児期から児童期にかけて上昇する明示的システムの機能によって，青年期，成人期中頃まで代替されたり，省略されたりする自動的なシステムの変形（あるいは変態）したルートが，他者の心的状態を推論するシステムに位置づけられることになることが考えられる。今後は，生涯発達の視点を取り入れた研究が進展されることで，社会心理的側面も含み入れた他者の心的状態の推測能力の発達についての「心の理論」という概念が明らかにされていくことが考えられる。

第3節　視点取得の発達的プロセスの理解

第1項　2つの視点取得の発達的プロセスにおけるシフティング

　視点取得の発達研究では，取得すべき視点が，その視点からどのように「見え」るのか，それとも，その視点からどのように思い考えているのか，一つには空間的視点取得と，もう一つとして，1980年代以降，「心の理論」研究に代表される社会的視点取得があげられる。私たちの日常的な生活の中では，他

者の役割や立場を考えて行動すべきであるという社会的規範，時には社会経済地位的有益性と交絡した形式で他者の理解が語られていることが少なくない。本著では，人が誕生後の視点取得の発達について検討を重ねた。Piaget & Inhelder（1948）は，幼児期に自己の視点が十分に確立する準備段階の時期に，一旦，自己の視点に固執する時期が出現する発達的特徴を自己中心性（egocentrism）と呼んだ。なお，社会心理学領域では，自分が持つ知識を基準にして相手の心の状態を捉えることを自己中心性バイアス（Egocentric biases）と呼ぶ（e.g., Ross & Sicoly, 1979）。自己中心性（egocentrism）については，人の発達のプロセスに位置づけられている発達曲線のクローズド・ループ的な現象（もしくは，U字型の発達曲線）である。5歳過ぎぐらいから6歳過ぎぐらいの子どもは，一様に一貫して自己中心的反応を示した後，オープン・ループに切り替えられると，幼児たちは正解を始め，多くの場合，正解ばかりするようになる。このようなシフティングの具体的な機能的要因は明らかにされてはいない。

　現在の心理学では，このような制御系の機能が実行機能との関連で研究されてきている。問題解決をする際に目標へ向けて必要のない思考や行動を抑制し，必要な情報を保持し続けるといった働きを担うものと捉えられてきている。島（2021）は，幼児が，一次の誤信念課題と実行機能の下位要素（抑制機能，認知的柔軟性，ワーキングメモリ）において，認知的柔軟性の影響をより強く受けること，他者の心的状態を推論するためには自己と他者の知識を切り離し，注意の焦点を自分自身の知識から他者の知識へと切り替える力が必要であると考えられることをを報告している。実行機能系統の作用が，空間的視点取得と，「心の理論」の両者ともに関連してきていること，とくに幼児期の4歳から6歳にかけ認知的革命といわれるダイナミックな質的変容が生じている。その根底にあるものが，自己－他者－モノの三者関係の基盤であり，それらの関係の媒介的な役割として言語応答的発達が重要であると考える。

第2項　他者理解研究と「心の理論」発達【研究11】

　他者理解研究は，従来，心理学，また，社会学などの分野で行われ，他者の視点や感情理解力や，人が他者を理解するプロセスやメカニズムに焦点を当てている。他者理解研究の進展は，個人の社会的関係，対人コミュニケーションの向上，集団の相互作用における洞察力の向上や，人間関係やコミュニティにおける帰属意識や連帯感の向上に役立てられることがある。他者理解の研究は，認知発達の理論的な枠組みを超えて，個々の差異や文化的な影響などにも焦点を当てることが多く見られる。

　ピアジェの発達理論は，子どもの認知発達に関する重要な理論の一つで，他者理解研究との関連性もあり，認知発達が年齢とともに段階的に進行するという考えを提唱している。その後の研究ではさらに詳細な分析や洞察が行われている。空間的視点取得のプロセスは，視床や頭頂葉がその中心的な役割を果たす脳のネットワークに支えられている（cf., 渡部, 2013）。そのため脳損傷，特定の神経発達障害によって空間的視点取得に困難が生じ，社会的生活における障害を経験する場合は心理的支援も含め，空間的視点取得のプロセスを理解した適切な支援や介入が期待される。「心の理論」のプロセスには認知能力に限らず，社会的経験や文化的背景の要因もより多く関連するので，コミュニケーションや関係構築ではその視点や感情を理解することで進められやすい。「心の理論」は臨床的視点の形成に有効で，適切な支援を提供するための重要な枠組みとなる。

【研究11】
他者理解の発達における「Theory of Mind」形成の意味

　ヒトの発達過程における行動形成とそのための環境的要因は，発達段階に応じて理解されることが望ましい。他者理解研究の一つでもある「Theory of Mind（ToM）：心の理論」研究は，Premack & Woodruff（1978）の霊長類を対象にした研究に端を発している。そしてWimmer & Perner（1983）が，哲学

表6-3-1　乳幼児期における他者理解の発達

発達期	他者理解の発達	機能的発達
0歳〜	社会的知覚，新生児微笑，顔偏好	初期社会的認知
3ヶ月頃〜	二項関係，社会的随伴性	
9ヶ月頃〜	三項関係，共同注意，目標・志向性	
18ヶ月頃〜	意図の理解，ふり遊び，自己認知	
2歳頃〜	欲求の理解	
3，4歳頃〜	意図の理解（顕在的）	Theory of Mind（ToM）の形成
4歳頃〜	視点取得（トポロジー的）	
4歳頃〜5，6歳頃	誤信念（False Belief: FB）理解	
誤信念以降	比喩・皮肉・二重の嘘の理解	
（5歳後半頃〜）	（因果推論）	
7歳頃以降	視点取得（ユークリッド的）	

※ 「心を読む認知モジュールの発達（Baron-Cohen, 1995）」，および「メンタライジングの発達モデル（板倉, 2007）」を参考に作成。

者Dennet（1978）の提起を受け，幼児に実施した「誤信念課題（False Belief Task）」は大変よく知られている。その後，Baron-Cohen（1995）は，「心の理論（Theory of Mind)」の形成過程について，「注意共有機構のモジュール」を論じ，三者関係が社会環境におけるさまざまな情報の認識，また，社会適応の基盤となるとした。「心を読む認知モジュール（Baron-Cohen, 1995）」は，4つの成分——ID（intentionality detector：意図検出器），EDD（eye-direction detector：視線検出器），SAM（shared attention mechanism：注意共有のメカニズム），ToMM（Theory of Mind mechanism：心の理論メカニズム）から成り立ち，その仕組みは世界の4つの特性——意志，知覚，共有された注意，認識状態を反映している（図3-2-1参照）。そして，生後1歳頃，三者関係に関するモジュールである注意共有のメカニズム（SAM）が形成されるようになる。その後，他者の心の推測のメカニズムとなる心の理論メカニズム（ToMM）が4歳頃に形成するとされる。そのため知的推理による一者関係的認識に基づく「誤信念課題（False Belief Task）」の通過は，「心の理論（Theory of Mind)」の形成とは同義とは捉えられにくい（e.g., 別府・野村, 2005）。心的状態の予測のメカニズムとなる心の理論メカニズム（ToMM）は4歳頃に形成するとされる。しばしば論じられるのは，1歳頃から4歳頃にかけての認知的な発達が，どのようにして構成されるのかである（表6-3-1参

照）。

　まず，「心の理論」の理解は，7歳以降に形成されていくユークリッド的空間表象の理解や，5歳後半から可能になる因果推論の理解（内田，1985）などの時空間の概念理解と異なる性質を持っている。そこに他者の存在を認識できるかどうかが前提にあると考えられる。

　現在用いられている標準化された知能検査の多くでは，基本的知能因子それぞれが測定されている。それらを合計して知能全般の発達を測定している。「誤信念課題（False Belief Task）」とは，知能全般の発達の様相を捉えることを目的としていない。「誤信念課題（False Belief Task）」は，他者の存在を認識できるかどうかに焦点を当てた言語を媒介とした三者関係の理解を前提とした発達を観察することができる課題であると考える。

　そのため，小沢（2017）は，「Theory of Mind」の課題と言語応答による課題（「理解課題」，「反対類推課題」，「物の定義課題」，「語彙課題」，「数唱課題」，「記憶課題」）と一定の関係性があることを仮定した調査を「心の理論課題」に徐々に通過していく年齢にあたる幼児（3〜6歳児）に行った。「誤信念課題（False Belief Task）」の通過との関連が示されたのは，「理解課題」，「反対類推課題」，「物の定義課題」だった（図6-3-1）。これらの言語能力は「誤信念課題（False Belief Task）」の通過と，「心の理論（Theory of Mind）」形成と密接に関連し，他者の存在を関係的に認識できる能力の発達と関連する言語能力の

図6-3-1　誤信念課題（False Belief Task）と言語応答力（小沢, 2017）

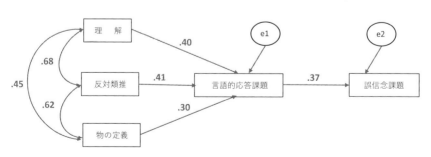

【モデル適合性】X²=1.68，GFI=0.989，AGFI=0.945，CFI=0.99，RMSEA=0

うち，とくに密接に関連する能力であることが考察される。

　「誤信念課題（False Belief Task）」は，標準化された多くの知能検査のように，その年齢相応の能力があるかどうかを量的に測定しているというよりも，ある特定の能力を質的にアセスメントしているといえるだろう。しかし，そこには，従来の年齢相応の能力を査定することを目的とした標準化された知能検査との一定の関連性が示されるものである。なぜならば，「誤信念課題（False Belief Task）」は，一般に4歳から徐々に通過し始めて7歳頃には正答できるようになるという大変よく知られた発達傾向を持っているからである。ただし，常に一般的な知能検査の結果と同期するわけではない。発達年齢が4歳から6歳に向かう過程でも正答しないケースがある。日常生活適応で，他者との関係認識に懸念があるタイプの子どもたちである。その具体的な報告例としては，自閉症スペクトラム症候群にあたる事例や研究が報告されている（e.g., Baron-Cohen, 1985; Frith, et al., 1994; 藤野, 2008, 2013; 藤野ら, 2019）。Frith, et al.（1994）は，自閉症スペクトラム症候群の幼児を対象に，「心の理論」課題の通過状況と心理化が必要と考えられる対人行動に関する項目（Vineland適応行動尺度）の通過状況との関係を検討した。「心の理論」課題通過群は非通過群に比べ，心理化が関わる日常行動評価の成績が有意に高かった。一方，「心の理論」課題通過者は言語性IQが有意に高いが，「心の理論」課題通過者のうち，日常場面での行動に心理化が見られたのは8人中3名だった。Baron-Cohen（2003）は，このような「心の理論（Theory of Mind）」形成の個人差測定のために，「Mind in the eye test」，EQ尺度を開発している。青年期前期の10代を対象としては，Bosacki（2000）が，「Theory of Mind」形成の個人差を測定して自己概念の発達との関連性について検討している。そのための手続きはつぎのようであった。「Theory of Mind」の課題ストーリーを聞いた後，曖昧な場面における登場人物の内的状態について自己の解釈を求め，その回答内容を評価するため，いずれも非言語的コミュニケーションを交えた後，他者に対して働きかける2つの独立したテーマからなる課題を用いた。国内では，東山（2013）が，これまで幼児でも実施されているWellman & Lui（2004）の課題を大人に行い，その回答に至った理由を尋ねている。小沢（2015）で

は，「心の理論（Theory of Mind）」の課題を大学生男女に聞かせ，回答用紙に
課題の質問項目に関する回答の記入を求めると共に，対象者が前提としている
心の理解や他者理解に関する自由記述を求めた。その結果，大学生男女であっ
ても「心の理論（Theory of Mind）」形成には，ある程度の個人差が見られる
こと，また，男女差があることが示された。今後の成人を対象とした研究で
は，「心の理論（Theory of Mind）」形成についての他者の存在の認識と自己概
念の形成との関連性の検討が欠かせないと考えられる。Bertram（2024）は，
「ToMをめぐっては，『観察不可能』という科学的難問，循環推論と再定義の
論理的誤謬，ToMの神経科学的相関関係，ToMの前提条件としての言語の役
割，そして最終的には，人間以外の種が真のToMを持っているかどうかなど，
未解決の重大な問題がある」ことを指摘し，これらの問題に対処するためのア
プローチとして行動分析学の理論の適用を提案している。Gema, et al.（2004）
は，「心の理論」に対して，実験的な「心の理論」課題における自閉症の成績
の代替説明として，実行機能と言語発達の役割を強調する研究について，ま
た，その文脈がどのように自閉症に反応して機能しているのかも検討してお
り，「心の理論」発達の研究は，現在進行形の課題を多く有している。

　本著は，第2章以降，筆者の発達臨床体験における課題認識を背景として，
近年の知見とともに，「心の理論」の発達と，それにかかわる2つの視点取得
である空間的視点取得と社会的視点取得，および，そのプロセスについて検討
してきた。人は，その発達過程において他者の存在を他者として認識して成長
し，自己と他者と対象との関係を多様に構成していく。そして，他者の心的状
態の推測と理解の能力が発達して，「心の理論（Theory of Mind）」の代表的な
課題を通過する時期を迎える。自己と他者とが異なる心を持っているというこ
とがわかるようになることと，自己と他者と対象を単位とする関係認識の発
達は，「心の理論（Theory of Mind）」の形成と深く関連している。空間的視点
取得においては，身体的自己調整能力の教育発達的支援方法を表象機能の発達
と関連づけて具体的にしていくことが課題である。本書では，対象への「接
近」と「指向」を目的とした手がかりが，一定程度有効であることを提案して
いる（研究1）。この「接近」と「指向」の手がかりは，Baron-Cohen（1995）

の心を読むシステムにおける視線検出，意図検出の機能を想定していることは
すでに述べてきた。実際に，5歳児段階と6歳児段階では，2つの手がかりの
発達的トリガーとして有効度は異なるようだった。よく発達の様相を見極めて
手がかりを提示することが必要である。さらに，人間の個々が有している認
知的枠組みと認知的葛藤が，視点取得の根底にある能力とどのように関連する
か，また，それは標準化された質問項目とどのような関連性をもつのか。認知
検査で測定されている概念的思考の発達と自己－他者－対象との関係性の発達
を捉えた社会的環境適応との関連のあり方について，今後より具体的な提案を
示すことが重要であると考える。また，他者の心の状態を推測する課題におい
て，幼児前期では視線は正解のほうに向いているが，明示的質問には誤答する
(Ruffman, et al., 2001)。このような暗黙的理解の時期と明示的な理解の時期
に関するデカラージュのシフティングについても，今後の重要な課題としてあ
げることができる。こうした発達過程に生じる日常生活の中で潜在的に進行し
ている発達の様相についてより理解を進めることで，臨床的状態像のアセスメ
ント時のより科学的な根拠や支援のための方法論の本質がより明らかにされて
いくものと考えられる。

> ※　デカラージュ（dcalage，仏）。一般に①空間的または時間的なズレやその結果生
> じるズレ，②2つの物や人，状況の間の一致の欠如を指す。発達心理学領域でピア
> ジェによるデカラージュとは獲得時期の「ずれ」を指す。水平的デカラージュとは，
> 具体的操作期で獲得される保存性が内容により獲得時期がずれるという同一の発達
> 段階内で獲得時期がずれる現象を指す。垂直的デカラージュは，行為上で可能なこ
> とが表象上でより一般化された形で再構成されるといった同じ事柄が発達段階間で
> ずれて獲得されることを指す（e.g., Piaget, 1970）。

初出一覧

第3章
【研究1】小沢 日美子（2009）．幼児期の心の理解の発達と視点取得の過程について 千葉敬愛短期大学紀要, *31*, 1-16.

第4章
【研究2】小沢 日美子（2022）．"誤信念課題"のストーリーを読んでいる間の応答と視線行動　日本心理学会第86回大会, セッション ID: 4AM-058-PO. DOI 10.4992/pacjpa.86.0_4AM-058-PO

【研究3】小沢 日美子（2014）．幼児期の「心の理論」の発達と他者性―ロボットのアニメーションを用いて―　日本心理学会第78回大会, セッション ID: 3PM-2-018. DOI 10.4992/pacjpa.78.0_3PM-2-018

【研究4】小沢 日美子（2015）．大学生男女における「心の理論」と他者性―誤信念課題と意図理解課題―　九州共立大学総合研究所紀要, *8*, 49-57.

【研究5】小沢 日美子（2016）．曖昧な刺激の呈示反応と心の概念的意識―A女子大学生を対象として―　九州共立大学総合研究所紀要, *9*, 97-102.

第5章
【研究6】小沢 日美子（2013）．3, 4, 5歳児における体育活動に着目した保育について―自由記述式の回答より―　九州女子大学紀要, *50(1)*, 179-189.

【研究7】小沢 日美子（2012）．幼児の「心の理論」の獲得における発達的特徴とコミュニケーションの変化―AとBの事例―　九州女子大学紀要, *48*, 2, 189-203.

【研究8】小沢 日美子（2019）．他者理解の発達における感情理解と言語的能力, 及び社会性との関連性―前操作期終盤に着目して―　同朋大学論叢, *104*, 97-117.

第6章
【研究9】Watanabe, M., & Ozawa, H. (2024). Features of Two Embodied Processes in Spatial Perspective-Taking Across the Lifespan, *Open Psychology*, *6(1)*, DOI: 10.1515/psych-2022-0137 より, 参加者幼児に関する内容に加筆して作成。

【研究10】小沢 日美子（2022）．他者の心的状態を推論する「心の理論」の2つのシステム　同朋福祉, *29(51)*, 111-126.

【研究11】小沢 日美子（2018）．他者理解の発達における「theory of mind」形成の意味—社会環境学的検討—　尚絅大学研究紀要 人文・社会科学編, *50*, 83-93.

謝　辞

　本書は，筆者が名古屋大学大学院環境学研究科心理学講座在学中（2009年度〜2016年度）に実施した研究を中心にしてまとめたものです。名古屋大学大学院では，指導教官伊藤義美先生に貴重なご指導とご助言お励ましを頂きました。心理学講座の先生方をはじめ心理学関連諸領域の先生方，心理学講座院生の皆様には多々研鑽の機会を与えて頂きました。そして，発達研究については，お茶の水女子大学発達心理学研究室MDゼミで内田伸子教授，院生の皆様のご助言と励ましを頂きました。さらに，空間的視点取得研究については滋賀大学教育学部渡部雅之教授に貴重な多くの機会とご助言を頂きました。そして，滋賀大学空間認知研究会にて視点取得研究にかかわる幅広い知見を得させて頂きました。空間的関係の理解と発達支援とについては，青山学院大学教育人間学部丸山千秋教授，跡見学園女子大学心理学部松﨑くみ子教授に学部当時よりご指導頂きました。そして，お茶の水女子大学人間関係・児童臨床研究室黒田淑子教授には発達実践研究の多くを学修させて頂きました。幼児の発達研究の実践には，奥村紀子氏，栢清美氏に貴重なご助言ご支援を頂きました。児玉文子氏，織田純代氏には，幼児の指導についてご示唆頂きました。最後になりましたが，本書の研究の実施にあたり，快く研究に協力してくださった　幼稚園，保育所，認定こども園の先生方，園児の皆様，保護者の皆様，また，大学生の皆様に心より感謝申し上げます。

　なお，本書に収録されている研究の一部は，「科学研究費補助金（基盤研究C．研究課題：幼児期における他者理解の認知発達と臨床的課題：25380912）」，「科学研究費補助金（基盤研究B）．身体性と実行機能の関連からみた空間的視点取得の生涯発達の解明と教育・医学的応用：研究代表者渡部雅之教授：19H01754」，「九州女子大学・九州女子短期大学平成24年度特別研究費（萌芽的研究プログラム），研究課題：幼児期の他者理解の発達—特定領

域における諸活動とのに着目して—」,「九州女子大学・九州女子短期大学平成
25年度特別研究費（研究支援プログラム），研究課題：他者理解の発達におけ
る幼児と大学生の比較—イラストロボット版を用いて—」の助成を受けて実施
されました。また，本書の刊行に際して，「同朋大学特定研究費（出版）」の助
成を受けました。

文　献

Ainsworth, M. D., & Bell, S. M. (1970). Attachment, exploration, and separation: Illustrated by the behavior of one-year-olds in a strange situation. *Child Development, 41(1)*, 49–67. https://doi.org/10.2307/1127388

Apperly, A., & Butterfill, S. A. (2009). Do humans have two systems to track beliefs and belief-like states? *Psychological Review, 116*, 953–970.

荒井　迪夫・中西　一弘（2013）．幼児体育指導者の動感認識に関する一考察　淑徳短期大学研究紀要，*(52)*，61–70.

Astington, J., & Jenkins, J. (1999). A longitudinal study of the relation between language and Theory of Mind development. *Developmental Psychology, 35*, 1311–1320.

Bacon, A. L., Fein, D., Morris, R., Waterhouse, L., & Allen, D. (1998). The responses of autistic children to the distress of others. *Journal of Autism and Developmental Disorders, 28(2)*, 129–142. https://doi.org/10.1023/A:1026040615628

Baron-Cohen, S. (1995). *Mindblindness: An Essay on Autism and Theory of Mind.* MIT Press/Bradford Books. 1 （バロン゠コーエン，S.　長野　敬・長畑　道・今野　義孝（訳）（2002）．自閉症とマインド・ブラインドネス　青土社）

Baron-Cohen, S. (2003). *The Essential Difference: The Truth about the Male and Female Brain.* Basic Books.

Baron-Cohen, S., Campbell, R., Karmiloff-Smith, A., Grant, J., & Walker, J. (1995). Are children with autism blind to the mentalistic significance of the eyes? *British Journal of Developmental Psychology, 13(4)*, 379–398. https://doi.org/10.1111/j.2044-835X.1995.tb00687.x

Baron-Cohen, S., Leslie, A. M., & Frith, U. (1985). Does the autistic child have a "theory of mind"? *Cognition, 21(1)*, 37–46. https://doi.org/10.1016/0010-0277(85)90022-8

別府　哲・野村　香代（2005）．高機能自閉症児は健常児と異なる「心の理論」をもつのか──「誤った信念」課題とその言語的理由付けにおける健常児との比較発達──　心理学研究，*16*，57–264.

Blades, M., & Spencer, C. (1989). Young children's ability to use coordinate references. *The Journal of Genetic Psychology, 150(1)*, 5–18.

Borke, H. (1975). Piaget's mountains revisited: Change in the egocentric landscape. *Developmental Psychology, 11(2)*, 240–243.

Bosacki, S. L. (2003). Psychological pragmatics in preadolescents: Sociomoral understanding, self-worth, and school behavior. *Journal of Youth and Adolescence, 32(2)*, 141–155.

Bowlby, J. (1969). *Attachment and Loss. Vol.1. Attachment.* New York: Basic Books.

Bowlby, J. (1973). *Attachment and Loss. Vol.2. Separation: Anxiety and Anger.* New York: Basic Books.

Bowlby, J. (1977). The making and breaking of affectional bonds. *British Journal of Psychology, 130*, 201–210.

Bridges, A., & Rowles, J. (1985). Yong children's perspective abilitiers: What can a monster see? *Educational Psychology, 5*, 251–266.

Bruner, J. (1983). *Child's Talk: Learning to Use Language.* New York: Norton.

Carlson, S. M., & Moses, L. J. (2001). Individed differences in inhibitory control and children's Theory of Mind. *Child Development, 72(4)*, 1032–1053.

Carroll, J. M., & Russell, J. A. (1996). Do facial expressions signal specific emotions? Judging emotion from the face in context. *Journal of Personality and Social Psychology, 70(2)*, 205–218. https://doi.org/10.1037/0022-3514.70.2.205

Carruthers, P. (2017). Mindreading in adults: Evaluating two-systems views. *Peter Carruthers Synthese, 194(3)*, 673–688.

Charles, S. T., Mather, M., & Carstensen, L. L. (2003). Aging and emotional memory: The forgettable nature of negative images for older adults. *Journal of Experimental Psychology: General, 132(2)*, 310–324. https://doi.org/10.1037/0096-3445.132.2.310

Coie, J. D., Costanzo, P. R., & Farnill, D. (1973). Specific transitions in the development of spatial perspective-taking ability. *Developmental Psychology, 9(2)*, 167–177. https://doi.org/10.1037/h0035062

Cosmides, L., & Tooby, J. (1994). Origins of domain specificity: The evolution of functional organization. In L. A. Hirschfeld & S. A. Gelman (Eds.), *Mapping the Mind: Domain Specificity in Cognition and Culture* (pp.85–116). Cambridge University Press. https://doi.org/10.1017/CBO9780511752902.005

Cutting, A. L., & Dunn, J. (1999). Theory of Mind, emotion understanding, language, and family background: Individual differences and interrelations. *Child Development, 70(4)*, 853–865.

Dennett, D. C. (1978). Beliefs about beliefs. *Behavioral and Brain Sciences, 4*, 568-570.

Descartes, R. (1937). *Discours de la méthode.* Leyde.（デカルト, R. 谷川 多佳子（訳）(1997). 方法序説 岩波書店）

Diwadkar, V. A., & McNamara, T. P. (1997). Viewpoint dependence in scene recognition. *Psychological Science, 8*, 302–307.

Dörrenberg, S., Rakoczy, H., & Liszkowski, U. (2018). How (not) to measure infant Theory of Mind: Testing the replicability and validity of four non-verbal measures. *Cognitive Development, 46*, 12–30. https://doi.org/10.1016/j.cogdev.2018.01.001

Dunn, J. (1995). Children as psychologists: The later correlates of individual differences in understanding of emotions and other minds. *Cognition and Emotion, 9(2-3)*, 187–201. https://doi.org/10.1080/02699939508409008

Dunn, J., & Hughes, C. (1998). Young children's understanding of emotions within close relationships. *Cognition and Emotion, 12(2)*, 171–190. https://doi.org/10.1080/026999398379709

Eisenberg, N., Fabes, R. A., Bernzweig, J., Karbon, M., Poulin, R., & Hanish, L. (1993). The relations of emotionality and regulation to preschoolers' social skills and sociometric status. *Child Development, 64(5)*, 1418–1438. https://doi.org/10.2307/1131543

Emerson, L. L. (1931). The effect of bodily orientation upon the young child's memory for positon of objects. *Child Development*, 2, 125–142.

Erena-Guardia, G., Vulchanova, M., & Saldaña, D. (2023). Theory of mind in autism: From a primary deficit to just mutual misunderstanding? In Teresa Lopez-Soto, Alvaro Garcia-Lopez & Francisco J. Salguero-Lamillar (Eds.), *The Theory of Mind Under Scrutiny: Psychopathology, Neuroscience, Philosophy of Mind and Artificial Intelligence* (pp.161–188). Springer Nature Switzerland. First Online: 01 January 2024. https://doi.org/10.1007/978-3-031-46742-4_6

Erikson, E. H. (1950). *Childhood and Society.* W W Norton & Co.

Erikson, E. H. (1959). *Identity and the Life Cycle: Selected Papers.* New York: International Universities Press. (エリクソン, E. H. 小此木 啓吾（訳編）(1973). 自我同一性——アイデンティティとライフサイクル—— 誠信書房）

Fantz, R. L. (1961). The origin of form perception. *Scientific American, 204*, 66–72.

Fehr, L. A. (1978). Methodological inconsistencies in the measurement of spatial perspective taking ability: A cause for concern. *Human Development, 21(5–6)*, 302–315. https://doi.org/10.1159/000272411

Ferner, A., & Colling, T. (1991). Privatization, regulation and industrial relations. *British Journal of Industrial Relations, 29(3)*, 391–409. https://doi.org/10.1111/j.1467-8543.1991.tb00250.x

Flavell, J. H. (1974). The development of inferences about others. In T. Mischel (Ed.), *Understanding Other Persons* (pp.66–116). Oxford: Basil Blackwell.

Flavell, J. H. (1988). The development of children's knowledge about the mind: From cognitive connections to mental representations. In J. W. Astington, P. L. Harris, & D. R. Olson (Eds.), *Developing Theories of Mind* (pp.244–267). New York: Cambridge University Press.

Flavell, J. H. (1999). Cognitive development: Children's knowledge about the mind. *Annual Review of Psychology, 50*, 21–45.

Flavell, J. H., Everett, B. A., Croft, K., & Flavell, E. R. (1981). Young children's knowledge about visual perception: Further evidence for the Level 1–Level 2 distinction. *Developmental Psychology, 17(1)*, 99–103. https://doi.org/10.1037/0012-1649.17.1.99

Flavell, J. H., Flavell, E. F., Green, F. L., & Wilcox, S. A. (1980). Young children's knowledge about visual perception: Effect of observer's distance from target on perceptual clarity of target. *Developmental Psychology, 16(1)*, 10–12. https://doi.org/10.1037/0012-1649.16.1.10

Flavell, J. H., Shipstead, S. G., & Croft, K. (1978). Young children's knowledge about visual perception: Hiding objects from others. *Child Development*, *49(4)*, 1208–1211. https://doi.org/10.2307/1128761

Frith, C. D. (1992). *The Cognitive Neuropsychology of Schizophrenia*. Lawrence Erlbaum Associates, Inc.

Frith, C. D., & Frith, U. (2008). Implicit and explicit processes in social cognition. *Neuron*, *60*, 3, 503–540. https://doi.org/10.1016/j.neuron.2008.10.032

Frith, U. (2004). Emanuel Miller lecture: Confusions and controversies about Asperger syndrome. *Journal of Child Psychology and Psychiatry*, *45*, 672–686.

Frith, U., Happé, F., & Siddons, F. (1994). Autism and theory of mind in everyday life. *Social Development*, *3*, 108–124.

Frye D., Zelazo P. D., & Palfai T. (1995). Theory of Mind and rule-based reasoning. *Cognitive Development*, *10(4)*, 483–527.

藤本 浩一（1989）．空間視点課題における手がかりの検討（I） 教育心理学研究, *37(4)*, 337–344.

藤野 博（2008）．自閉症スペクトラム障害児の心理アセスメントにおける"心の理論"課題の意義 東京学芸大学紀要1部門, *55*, 293–300. URL http://hdl.handle

藤野 博・森脇 愛子・神井 享子・渡邉 真理子・椎木 俊秀（2013）．学齢期の定型発達児と高機能自閉症スペクトラム障害児における心の理論の発達――アニメーション版心の理論課題ver.2を用いて―― 東京学芸大学紀要 総合教育科学系, *64*, 2, 151–164.

藤野 博・山本 祐誠・松井 智子・東條 吉邦・計野 浩一郎（2019）．自閉スペクトラム症の児童における読書の傾向と心の理論との関係 東京学芸大学紀要 総合教育科学系Ⅰ, *70*, 479–488.

古見 文一（2013）．ロールプレイ体験がマインドリーディングの活性化に及ぼす効果の発達的研究 発達心理学研究, *24(39)*, 308–317.

古見 文一・子安 増生（2012）．ロールプレイ体験がマインドリーディングの活性化に及ぼす効果 心理学研究, *83*, 18–26.

Futamura, I., & Shima, Y. (2023). Young children's behaviour predictions in direct reciprocal situations. 36–46: 25. https://doi.org/10.1080/17405629.2023.2250125

Galinsky, A. D., Maddux, W. W., Gilin, D., & White, J. B. (2008). Why it pays to get inside the head of your opponent: The differential effects of perspective taking and empathy in negotiations. *Psychological Science*, *19(4)*, 378–384. https://doi.org/10.1111/j.1467-9280.2008.02096.x

Gesell, A. (1934). *An Atlas of Infant Behavior: A Systematic Delineation of the Forms and Early Growth of Human Behavior Patterns.* New Haven: Yale University Press.

Gibson, E. J., & Walk, R. D. (1960). The "visual cliff." *Scientific American, 202(4)*, 64–71. https://doi.org/10.1038/scientificamerican0460-64

Goldberg, L. (1981). Language and individual differences: The search for universals in personality lexicons. In L. Wheeler (Ed.), *Review of Personality and Social Psychology* (pp.141–165). Beverly Hills, CA: Sage Publication.

Gopnik, A. (1993). How we know our minds: The illusion of first-person knowledge of intentionality. *Behavioral and Brain Sciences, 16(1)*, 1–14.

Gopnik, A., & Astington, J. W. (1988). Children's understanding of representational change and its relation to the understanding of false belief and the apperarance reality distinction. *Child Dvelopment, 59*, 26–37.

Grainger, S. A., Henry, J. D., Naughtin, C. K., Comino, M. S., & Dux, P. E. (2018). Implicit false belief tracking is preserved in late adulthood. *Quarterly Journal of Experimental Psychology, 71(9)*, 1980–1987. https://doi.org/10.1177/1747021817734690

Happé, F. (1994). *Autism: An Introduction to Psychological Theory.* University College London UCL Press.（ハッペ，F.　石坂　好樹・神尾　陽子・田中　浩一郎・幸田　有史（訳）(1997)．自閉症の心の世界　星和書店）

Happé, F. G. E. (1995). The role of age and verbal ability in the theory of mind task performance of subjects with autism. *Child Development, 66(3)*, 843–855.

Happé, F. G. E. (1997). Central coherence and Theory of Mind in autism: Reading homographs in context. *British Journal of Developmental Psychology, 15(1)*, 1–12.

Harris, P. L., Johnson, C. N., Hutton, D., Andrews, G., & Cooke, T. (1989). Young children's theory of mind and emotion. *Cognitive and Emotion, 3*, 379–400.

Hart, R. A., & Moore, G. T. (1973). The development of spatial cognition: A review. In R. M. Downs & D. Stea (Eds.), *Image & Environment: Cognitive Mapping and Spatial Behavior* (pp.246–288). Aldine Transaction.

林　創（2011）．幼児期における他者の心の理解の発達——イラストのロボットを用いて——岡山大学大学院教育学研究科研究収録，*148*，69–75.

Hughes, C., & Dunn, J. (2002). 'When I say a naughty word'. A longitudinal study of young children's accounts of anger and sadness in themselves and close others. *British Journal of Developmental Psychology, 20(4)*, 515–535.

Hughes, M. (1975). Egocentrism in preschool children URI Psychology PhD thesis collection. http://hdl.handle.net/1842/22329

Hughes, M., & Donaldoson, M. (1979). The use of hiding games for studying the coordination of viewpoints. *Educational Review, 31(2)*, 133–140.

Huttenlocher, J., Newcombe, N., & Sandberg, E. H. (1994). The coding of spatial location in young children. *Cognitive Psychology, 27*, 115–147.

乾 敏郎（2012）．誤った知覚から世界に関する修正不能な信念が生じる脳内メカニズム　日本精神神経学会誌，*114(2)*，171–179.

板倉 昭二（2007）．心を発見する心の発達（心の宇宙5）　京都大学学術出版会.

岩田 純一（1974）．子どもにおける空間表象の変換に及ぼす感覚——運動的手がかりの効果——　教育心理学研究，*22*，21–29.

岩田 美保・岩立 志津夫（2006）．他者の認知的状態と未来の行動の予測に関する実験的検討——大学生を対象としたストーリー図版を用いた検討および幼児とのデータの比較——　千葉大学教育学部紀要Ⅰ：教育科学編，*54*，41–47.

金崎 香織（1997）．幼児期における他者感情推論の研究——「誤信念理解」と「感情推論」の関連性——　福岡教育大学心理科卒業研究発表論文集，*4*，11–12.

加藤 義信・日下部 正一・足立 自朗・亀谷 和史（1996）．Piaget—ワロン論争——発達するとはどういうことか——　ミネルヴァ書房.

小島 康次（2018）．認知発達心理学の現在とこれから——Piaget理の彼岸：プロセスとメカニズムを探求する発達モデルの可能性——　北海学園大学経営論集，*15(3)*，1–19.

子安 増生（1991）．幼児の空間的自己中心性（Ⅱ）——Piagetの3つの山問題の関連実験と理論的考察——　京都大学教育学部紀要，*37*，124–153.

Kozhevnikov, M., & Hegarty, M. (2001). A dissociation between object manipulation spatial ability and spatial orientation ability. *Memory & Cognition, 29(5)*, 745–756. https://doi.org/10.3758/BF03200477

Kuhn, M. H., & McPartland, T. S. (1954). An empirical investigation of self-attitudes. *American Sociological Review, 19(1)*, 68–76.

Kulke, L., Wübker, M., & Rakoczy, H. (2019). Is implicit Theory of Mind real but hard to detect? Testing adults with different stimulus materials. Royal Society. https://doi.org/10.1098/rsos.190068

Lempers, J. D., Flavell, E. R., & Flavell, J. H. (1977). The development in very young children of tacit knowledge concerning visual perception. *Genetic Psychology Monographs, 95(1)*, 3–53.

Leslie, A. M. (1987). Pretense and representation: The origins of "theory of mind." *Psychological Review, 94(4)*, 412–426. https://doi.org/10.1037/0033-295X.94.4.412

Leslie, A. M. (1988). Autistic children's understanding of seeing, knowing and believing. *British Journal of Developmental Psychology, 6(4)*, 315–324.

Lewis, M., Stanger, C., & Sullivan, M. W. (1989). Deception in 3-year-olds. *Developmental Psychology, 25(3)*, 439–443. https://doi.org/10.1037/0012-1649.25.3.439

Lidster, W., & Bremner, G. (1999). Interpretation and construction of coordinate dimensions by 4- to 5-year-old children. *British Journal of Developmental Psychology*, *17*, 189–201.

Light, P., & Nix, C. (1983). "Ownview" versus "good view" in perspective-taking task. *Child Developmentand Care*, *54*, 480–483.

Lillard, A. S. (1993). Pretend play skills and the child's theory of mind. *Child Development*, *64(2)*, 348–371. https://doi.org/10.2307/1131255

Lopez-Corvo, R. E. (2009). *The Woman Within: A Psychoanalytic Essay on Femininity*. Routledge. （ロペスコルヴォ, R. E.　井上　果子（監訳）　飯野　晴子・赤木　里奈・山田　一子（訳）（2014）．内なる女性──女性性に関する精神分析的小論──　星和書店）

Low, J., Apperly, I. A., Butterfill, S. A., & Rakoczy, H. (2016). Cognitive architecture of belief reasoning in children and adults: A primer on the two-systems account. *Child Development Perspectives*, *10(3)*, 184–189. https://doi.org/10.1111/cdep.12183

前原　由喜夫・齊藤　智（2008）．人物への注目が大人の心的推測パフォーマンスに及ぼす影響　日本認知心理学会第6回大会発表論文集，118.

Masangkay, Z. S., McCluskey, K. A., & McIntyre, C. W. (1974). The early development of inference about the visual percepts of others. *Child Development*, *45*, 357–366.

Meinhardt-Injac, B., Daum, M. M., & Meinhardt, G. (2020). Theory of mind development from adolescence to adulthood: Testing the two-component model. *British Journal of Developmental Psychology*, *38(2)*, 289–303.

Meinhardt-Injac, B., Daum, M. M., Meinhardt, G., & Persike, M. (2018). The two-systems account of theory of mind: Testing the links to social-perceptual and cognitive abilities. *Frontiers in Human Neuroscience*, *12*(Article 25). https://doi.org/10.3389/fnhum.2018.00025

Michelon, P., & Zacks, J. M. (2006). Two kinds of visual perspective taking. *Perception & Psychophysics*, *68(2)*, 327–337. https://doi.org/10.3758/BF03193680

宮台　真司・石原　英樹・大塚　明（1993）．サブカルチャー神話解体　PARCO出版.

溝川　藍・子安　増生（2011）．5, 6歳児における誤念及び隠された感情の理解と園での社会的相互作用の関連　発達心理学研究, *22(2)*, 168–178.

Moriguchi, Y., Ban, M., Osanai, H., Uchiyama, I. (2018). Relationship between implicit false belief understanding and role play: Longitudinal study. *European Journal of Developmental Psychology*, *15(2)*, 172–183.

森野　美央（2005）．幼児期における「心の理論」発達の個人差，感情理解発達の個人差，及び仲間との相互作用の関連　発達心理学研究, *16(1)*, 36–45.

武藤　安子（編）（1993）．発達臨床──人間関係の領野から──　建帛社.

長崎　勤・中村　晋・吉井　勘人・若井　広太郎（編）（2009）．自閉症児のための社会性発達支援プログラム──意図と情動の共有による共同行為──　日本文化科学社.

中垣 啓（1987）．論理的推論における"みかけの主題化効果"について　教育心理学研究，*35(4)*，290–299．

中垣 啓（2011）．Piaget 発達段階論の意義と射程　発達心理学研究，*22(4)*，369-380．

小川 絢子（2005）．幼児の「見え」の再構成と描画に共通する発達モデルの検討　日本教育心理学会総会発表論文集，*47*，20．

小川 絢子・子安 増生（2008）．幼児における「心の理論」と実行機能の関連性──ワーキングメモリと葛藤抑制を中心に──　発達心理学研究，*19(2)*，171–182．https://doi.org/10.11201/jjdp.19.171

大森 茂（1985）．幼児における空間表象の発達（3）──視点変換の発達の側面から──　日本教育心理学会第27回総会発表論文集，124–125．https://doi.org/10.4992/pacjpa.86.0_4AM-058-PO

Onishi, K. H., & Baillargeon, R. (2005). Do 15-month-old infants understand false belief? *Science*, *308*, 255–258.

小沢 日美子（2009）．幼児期の心の理解の発達と視点取得の過程について　千葉敬愛短期大学紀要，*31*，1–16．

小沢 日美子（2012）．幼児の「心の理論」の獲得における発達的特徴とコミュニケーションの変化──AとBの事例──　九州女子大学紀要，*48(2)*，189–203．

小沢 日美子（2013）．3，4，5歳児における体育活動に着目した保育について──自由記述式の回答より──　九州女子大学紀要，*50(1)*，179–189．

小沢 日美子（2014）．幼児期の「心の理論」の発達と他者性──ロボットのアニメーションを用いて──　日本心理学会第78回大会，セッションID: 3PM-2-018．https://doi.org/10.4992/pacjpa.78.0_3PM-2-018

小沢 日美子（2015）．大学生男女における「心の理論」と他者性──誤信念課題と意図理解課題──　九州共立大学総合研究所紀要，*8*，49–57．

小沢 日美子（2016）．曖昧な刺激の呈示反応と心の概念的意識──A女子大学生を対象として──九州共立大学総合研究所紀要，*9*，97–102．

小沢 日美子（2018）．他者理解の発達における「theory of mind」形成の意味──社会環境学的検討──　尚絅大学研究紀要 A. 人文・社会科学編，*50*，83–93．https://doi.org/10.24577/seia.50.0_83

小沢 日美子（2019）．他者理解の発達における感情理解と言語的能力，及び社会性との関連性──前操作期終盤に着目して──　同朋大学論叢，*104*，97–117．

小沢 日美子（2022a）．"誤信念課題"のストーリーを読んでいる間の応答と視線行動　日本心理学会第86回大会，セッションID: 4AM-058-PO．

小沢 日美子（2022b）．他者の心的状態を推論する「心の理論」の2つのシステム　同朋福祉，*29(51)*，111–126．

文　　献

小沢 日美子（2024）．Piaget に学ぶ子どもの空間的世界の発達──臨床的手がかりの探索とともに──　同朋福祉, *31*, 43–63.

Parten, M., & Newhall, S. M. (1943). Social behavior of preschool children. In R. G. Barker, J. S. Kounin, & H. F. Wright (Eds.), *Child Behavior and Development: A Course of Representative Studies* (pp.509–523). McGraw-Hill. https://doi.org/10.1037/10786-029

Perner, J. (1991). *Understanding the Representational Mind.* Cambridge, MA: MIT Press.

Perner, J., & Lang, B. (1999). Development of theory of mind and executive control. *Trends in Cognitive Sciences, 3(9)*, 337–344. https://doi.org/10.1016/s1364-6613(99)01362-5

Perner, J., & Lang, B. (2002). What causes 3-year-olds' difficulty on the dimensional change card sorting task? *Infant and Chiild Development, 11*, 93–105.

Perner, J., Leekam, S. R., & Wimmer, H. (1987). Three-year-olds' difficulty with false bellef: The case for a conceptual deficit. *British Journal of Developmental Psychology, 5*, 125–137. http://dx.doi.org/10.1111/j.2044-835X.1987.tb01048.x

Perner, J., & Wimmer, H. (1985). John thinks that Mary thinks that: Attribution of second-order beliefs by 5-to 10-year-old children. *Journal of Experimental Child Psychology, 60*, 689–700.

Piaget, J. (1926). *La représentation du monde chez l'enfant.* Félix Alcan.

Piaget, J. (1932). *The Language and Thought of the Child.* Routledge & Kegan Paul.（ピアジェ, J. 大伴 茂（訳）（1955）．児童の世界観──臨床児童心理学（2）──　同文書院）

Piaget, J. (1946). *Le développement de la notion de temps chez l'enfant.* Paris: Presses Universitaires de France.

Piaget, J. (1956). *Les stades du developpement intellectual de l'enfant et de l'adlescent.* In P. J. Paris: Presses Universitaires de France.（Piaget, J.（著）Piaget, J. & Fraisse, P.（編）久保田 正人（訳）（1971）．現代心理学VI, 知覚と認知　第 1 章　知覚の年齢による発達　白水社）

Piaget, J. (1959). La formation du symbole chez l'enfant. 2e éd. Neuchâtel: Delachaux and Niestlé. C. Gatteno & F. M. Hodgson (Trans.) (1962). *Play, Dreams and Imitation in Childhood.* New York: Norton.

Piaget, J. (1970). *L'pistmologie gntique.* PUF.（ピアジェ, J. 滝沢 武久（訳）（1970）．発生的認識論　白水社）

Piaget, J., & Inhelder, B. (1948). La representation de l'espace chez l'enfant. Presses Universitares de France. (Translated by F. J. Langdon & J. L. Lunzer, The child's conception of space. Routledge & Kegan Paul,1956). *The Child's Conception of Space.* Humanities Press Intl).

Piaget, J., Inhelder, B., Langdon, F. J., & Lunzer, J. L. (1957). The child's conception of space. *British Journal of Educational Studies, 5(2)*, 187–189.

Ploog, B. O. (2014). Theory of Mind in Autism, *Neurobiology of Autism Spectrum Disorders*, Springer, 23–35. https://doi.org/10.1007/978-3-031-42383-3_2

Premack, D., & Woodruff, G. (1978). Does the chimpanzee have a theory of mind? *Behavioral and Brain Sciences*, *1(4)*, 515–526. https://doi.org/10.1017/S0140525X00076512

Presson, C. C. (1987). The development of spatial cognition: Secondary uses of spatial information. In N. Eisenberg (Ed.), *Contemporary Topics in Developmental Psychology* (pp.87–112). New York: John Wiley.

Redcay, E., & Schilbach, L. (2019). Using second-person neuroscience to elucidate the mechanisms of social interaction. *Nature Reviews Neuroscience*, *20(8)*, 495–505. https://doi.org/10.1038/s41583-019-0179-4

Rieser, J. J. (1989). Access to knowledge of spatial structure at novel points of observation. *Journal of Experimental Psychology: Learning, Memory, and Cognition*, *15(6)*, 1157–1165. https://doi.org/10.1037/0278-7393.15.6.1157

Rogers, S. J., & Pennington, B. F. (1991). A theoretical approach to the deficits in infantile autism. *Development and Psychopathology*, *3*, 137–162.

Ross, M., & Sicoly, F. (1979). Egocentric biases in availability and attribution. *Journal of Personality and Social Psychology*, *37(3)*, 322–336.

Rubin, K. H. (1973). Egocentrism in childhood: A unitary construct? *Child Development*, *44(1)*, 102–110. https://doi.org/10.2307/1127685

Ruffman, T., Garnham, W., Import, A., & Connolly, D. (2001). Does eye gaze indicate implicit knowledge of false belief? Charting transitions in knowledge. *Journal of Experimental Child Psychology*, *80(3)*, 201–224. https://doi.org/10.1006/jecp.2001.2633

Russell, D. W. (1996). UCLA Loneliness Scale (Version 3): Reliability, validity, and factor structure. *Journal of Personality Assessment*, *66(1)*, 20–40. https://doi.org/10.1207/s15327752jpa6601_2

Selman, R. L., & Byrne, D. E. (1974). The necessity (but insufficiency) of social perspective taking for conceptions of justice at three early levels. In D. Depalma & J. Foley (Eds.), *Moral Development* (pp.57-73). New York: Wiley.

千住 淳（2012）．社会的認知の自発性と自閉症スペクトラム障害（2011年度第1回フォーラム　社会的認知およびその発達と障害）基礎心理学研究, *30(2)*, 199–202.

瀬野 由衣・加藤 義信（2007）．幼児は「知る」という心的状態をどのように理解するようになるか──「見ること−知ること」課題で現れる行為反応に着目して──　発達心理学研究, *18(1)*, 1–12.

島 義弘（2021）．実行機能の下位要素が心の理論に及ぼす影響　鹿児島大学教育学部研究紀要 教育科学編, *72*, 185–192.

Simmons, L. W. (1945). *The Role of the Aged in Primitive Society*. New Haven, CT: Yale University Press.

Slaughter, V., Dennis, M. J., & Pritchard, M. (2002). Theory of Mind and peer acceptance in preschool

166

children. *British Journal of Developmental Psychology, 20, 4*, 545–564.

Somervill, S. C., & Bryant, P. E. (1985). Yong children's use of spatial coodinates. *Child Dvelopment, 56*, 604–613.

Sorce, J. F., Emde, R. N., Campos, J. J., & Klinnert, M. D. (1985). Maternal emotional Signaling: Its effect on the visual cliff behavior of 1-year-olds. *Developmental Psychology, 21(1)*, 195–200. https://doi.org/10.1037/0012-1649.21.1.195

Spelke, E. S., Phillips, A., & Woodward, A. L. (1995). Infants' knowledge of object motion and human action. In D. Sperber, D. Premack, & A. J. Premack (Eds.), *Causal Cognition: A Multidisciplinary Debate* (pp.44–78). Clarendon Press/Oxford University Press.

Spitz, R. R. (1945). Hospitalism an inquiry into the genesis of psychiatric conditions in early childhood. *Psychoanalytic Study of the Child, 1*, 54–75.

Surtees, A., Apperly, I., & Samson, D. (2013). Similarities and differences in visual and spatial perspective-taking processes. *Cognition, 129(2)*, 426–438. https://doi.org/10.1016/j.cognition.2013.06.008

鈴木　忠（1993）．幼児の空間的自己中心性の捉え直し　教育心理学研究, *41*, 470–480.

Talwar, V., & Lee, K. (2002). Development of lying to conceal a transgression: Children's control of expressive behaviour during verbal deception. *International Journal of Behavioral Development, 26(5)*, 436–444. https://doi.org/10.1080/01650250143000373

田中　千穂子（1997）．乳幼児心理臨床の世界――心の援助専門家のために――　山王出版.

田中　秀明（2009）．保育者養成校の学生が抱く「気になる子」についての基礎的研究　清泉女学院短期大学研究紀要, *27*, 57–65.

Tomasello, M. (1995). Joint attention as social cognition. In C. Moore & P. J. Dunham (Eds.), *Joint Attention: Its Origins and Role in Development* (pp.103–130). Lawrence Erlbaum Associates, Inc.

Tomasello, M., Carpenter, M., Call, J., Behne, T., & Moll, H. (2005). Understanding and sharing intentions: The origins of cultural cognition. *Behavioral and Brain Sciences, 28(5)*, 675–735. https://doi.org/10.1017/S0140525X05000129

東山　薫（2001）．"「心の理論」"の多面性の発達――Wellman & Liu尺度と誤答の分析――　教育心理学研究, *55*, 359–364.

東山　薫（2012）．「心の理論」の再検討――多面性の理解とその発達の関連要因――　風間書房.

東山　薫（2013）．大人における心の理論の測定――Wellman & Liu尺度における正答率と回答理由の検討――　日本教育心理学会第55回総会発表論文集, PE-006.

内田　伸子（1985）．幼児における事象の因果的統合と産出　教育心理学研究, *33*, 124–134.

内田　伸子（2002）．幼児心理学への招待――子どもの世界づくり――　サイエンス社.

Usui, N., Maekawa, K., & Hirasawa, Y. (1995). Development of the upright postural sway of children.

Developmental Medicine and Child Neurology, *37*, 985–996. http://dx.doi.org/10.1111/j.1469-8749.1995.tb11953.x

渡部 雅之（1987）．空間表象の変換能力に関する発達研究――下位能力との関連から――　教育心理学研究, *35*, 107–115.

渡部 雅之（2001）．空間的視点取得の視点――方向別反応時間にみられる特性――　滋賀大学教育学部紀要, *51*, 9–17.

渡部 雅之（2003）．空間的視点取得能力に関する発達心理学的研究　大阪大学, 博士論文, Osaka University Knowledge Archive: OUKA.　URL https://hdl.handle.net/11094/25960

渡部 雅之（2012）．PB55「いじめ」傍観者意識の学生, 性, 並びに場面における違い　日本教育心理学会第42回総会発表論文集, 160. https://doi.org/10.20587/pamjaep.42.0_160

渡部 雅之（2013）．空間的視点取得の脳内機序と生涯発達　心理学評論, *56(3)*, 357–375.

Watanabe, M. (2016). Developmental changes in the embodied self of spatial perspective taking. *British Journal of Developmental Psychology*, *34*, 212–225. https://doi.org/10.1111/bjdp.12126

渡部 雅之（2018）．幼児における空間的視点取得と実行機能の関連――抑制機能と作動記憶について――　滋賀大学教育学部紀要, *68*, 1–12.

渡部 雅之（2020）．大学生における心の理論とワーキングメモリならびに抑制機能との関連　滋賀大学教育学部紀要, *70*, 1–12.

Watanabe, M. (2022). Are mentalizing systems necessary? An alternative through self–other distinction. *Review of Philosophy and Psychology*, *1(21)*. https://doi.org/10.1007/s13164-022-00656-8

Watanabe, M., & Ozawa, H. (2024). Features of two embodied processes in spatial perspective-taking across the lifespan. *Open Psychology*, *6(1)*. https://doi.org/10.1515/psych-2022-0137

Watanabe, M., & Takamatsu, M. (2014). Spatial perspective taking is robust in later life. *International Journal of Aging & Human Development*, *78(3)*, 277–297. https://doi.org/10.2190/AG.78.3.d

Warnell, K. R., & Redcay, E. (2019). Minimal coherence among varied theory of mind measures in childhood and adulthood. *Cognition*, *191(5)* (Article 103997). https://doi.org/10.1016/j.cognition.2019.06.009

Wellman, H. M., Cross, D., & Watson, J. (2001). Meta-analysis theory of mind development: The truth about false belief. *Child Development*, *72*, 655–684.

Wellman, H., & Liu, D. (2004). Scaling of Theory-of-Mind Tasks. *Child Development*, *75(2)*, 523–541. https://doi.org/10.1111/j.1467-8624.2004.00691.x

Wiesmann, C. G., Friederici, A. D., Singer, T., Steinbeis, N. (2017). Implicit and explicit false belief development in preschool children. *Developmental Science*, *20(5)*, e12445. (First published: 02 October 2016) https://doi.org/10.1111/desc.12445

Wiesmann, C. G., Friederici, A. D., Singer, T., & Steinbeis, N. (2020). Two systems for thinking about others' thoughts in the developing brain. *PNAS Proceedings of the National Academy of Sciences of the United States of America, 117(12)*, 6928–6935. https://doi.org/10.1073/pnas.191672511

Wimmer, H., Hogrefe, J., & Sodian, B. (1988). A second stage in children's conception of mental life: Understanding informational accesses as origins of knowledge and belief. In J. W. Astington, P. L. Harris, & D. R. Olson (Eds.), *Developing Theories of Mind* (pp.173–192). Cambridge University Press.

Wimmer, H., & Pemer, J. (1983). Beliefs about beliefs: Representation and constraining function of wrong beliefs in your children's understanding of deception. *Cognition, 13,* 103–128.

Wraga, M., Shephard, J. M., Church, J. A., Inati, S., & Kosslyn, S. M. (2005). Imagined rotations of self versus objects: An fMRI study. *Neuropsychologia, 43(9)*, 1351–1361. https://doi.org/10.1016/j.neuropsychologia.2004.11.028

山内　朋也（2022）．小学校高学年の体育に見られる他者関係の身体性に関する研究　身体運動文化研究，*27, 1,* 29–40.

吉川　茂（1989）．心理学における「曖昧さ」について（1）——曖昧さの分類と定義——　情報科学研究，*3,* 62–74.

著者紹介

小沢 日美子（おざわ・ひみこ）

同朋大学社会福祉学部心理学専攻 教授
同朋大学大学院人間学研究科（臨床心理分野）教授

名古屋大学大学院環境学研究科社会環境学専攻心理学講座
博士課程単位取得満期退学
公認心理師，臨床心理士，学校心理士，臨床発達心理士

［著書・論文］
「Features of Two Embodied Processes in Spatial Perspective-Taking Across the Lifespan, *Open Psychology*, *6(1)*, DOI: 10.1515/psych-2022-0137，（共著，2024年）」，「心の発達と教育 改訂版（三恵社，2021年）」。「教職を学ぶ人の新・教育心理学（分担執筆，教育情報出版，2022年）」，「障害が疑われる就学前の幼児の発達に応じた関係づくり：A発達支援センターの事例（九州共立大学・九州女子大学・九州女子短期大学生涯学習研究センター紀要, *18*, 37-48，2013年）」

「心の理論」の発達
空間的視点取得から社会的視点取得
──そのプロセスと臨床的視点──

2024年3月30日　初版第1刷発行

著　者　小沢日美子

発行者　宮下基幸

発行所　福村出版株式会社
　　　　〒113-0034　東京都文京区湯島 2-14-11
　　　　電話　03(5812)9702
　　　　FAX　03(5812)9705
　　　　https://www.fukumura.co.jp

出版コーディネート　カンナ社
印刷・製本　中央精版印刷株式会社

福村出版◆好評図書

根ヶ山光一・外山紀子 編著

からだがかたどる発達
● 人・環境・時間のクロスモダリティ

◎4,000円　ISBN978-4-571-23069-1　C3011

他者と関わる基盤となるからだの発達を通して、こころや物理的・社会的環境との関わりを多面的に考察する。

都筑 学 監修／半澤礼之・坂井敬子・照井裕子 編著
問いからはじまる心理学　第1巻

発達とは？ 自己と他者／時間と空間から問う生涯発達心理学

◎2,700円　ISBN978-4-571-20604-7　C3311

発達段階を「身体」「対人関係」「役割」「地域」「環境移行・適応」「偶然」という6つの視点からとらえる。

A.F.リーバーマン 著／青木紀久代・西澤奈穂子 監訳／伊藤晶子 訳

トドラーの心理学
● 1・2・3歳児の情緒的体験と親子の関係性援助を考える

◎2,800円　ISBN978-4-571-24096-6　C3011

大きく成長する1〜3歳の子どもの心。この時期の発達を豊富な研究結果から解説し、よりよい親子関係へと導く。

石井正子・向田久美子・坂上裕子 編著

新 乳幼児発達心理学〔第2版〕
● 子どもがわかる 好きになる

◎2,300円　ISBN978-4-571-23065-3　C3011

「子どもがわかる 好きになる」のコンセプトを継承し、最新の保育士養成課程や公認心理師カリキュラムに対応。

櫻井茂男・大内晶子 編著

たのしく学べる
乳幼児のこころと発達

◎2,500円　ISBN978-4-571-23063-9　C3011

心理学の最新知見を活かしながら、基礎・基本をわかりやすく解説した乳幼児心理学のテキスト（入門書）。

次良丸睦子・五十嵐一枝・相良順子・芳野道子・髙橋淳一郎 編著

現代の子どもをめぐる
発達心理学と臨床

◎2,400円　ISBN978-4-571-23064-6　C3011

乳児期・幼児期・児童期・青年期の子どもの発達の基本を解説。子どもをめぐる臨床的課題についても詳述。

軽部幸浩 編著／長澤里絵・黒住享弘 著

こころの行動と発達・臨床心理学

◎2,300円　ISBN978-4-571-23067-7　C3011

心理学の基礎を、初学者向け教科書として発達・対人関係・臨床心理・コミュニケーションを中心に概説。

◎価格は本体価格です。